# 「特別の教科 道徳」で大切なこと

赤堀博行 著

東洋館出版社

# はじめに

子どもたちも、保護者や地域の皆さんも楽しみにしている学校行事に運動会があります。運動会と言えばスポーツの秋に行われていましたが、昨今は春に実施する学校も少なくないようです。春に運動会を行う学校の先生に「春に運動会を実施する理由は何ですか。」と尋ねると、「秋は、学校行事などがいろいろと集中するから、学校行事を分散させて春に実施します。」という答えをいただきました。私自身もかつて小学校の教員でした。春と秋と両方で運動会を経験したことがありますが、子どもたちの活動の様子を見ていると、やはり秋の方が充実しているように思えます。どの学年の子どもたちも夏休みを越すと大きく成長するのです。体格もしっかりしてきますし、心持も豊かになってきます。

ある学校で、運動会の短距離走の練習をしていたAさんとBさんは、ゴールをした途端、転倒してひざに同じ程度のすり傷を負いました。養護の先生はAさんとBさんに全く同じ手当てをしました。数日後、Aさんの傷はすっかりよくなりました。しかし、B

さんの傷はまだぜんぜん治りません。

この違いは、何でしょうか。二人の精神力の違いでしょうか。基礎体力の違いでしょうか。Ａさんは好き嫌いをせずに何でも食べて、早寝早起きを心掛けて、運動も適度にしているのかもしれません。Ｂさんは、夜遅くまでゲームをしているのかもしれません。また、好き嫌いがあるのかもしれません。

では、どうしたらＢさんはＡさんのようになるのでしょうか。今晩、最高級の牛肉をたくさん食べさせても、翌日にＡさんのようにはなりません。健やかな体を作ることは、簡単なことではなく時間がかかるものです。

次の場合はどうでしょうか。Ｄさんが「おい、Ｅのやつ、生意気だからいじめちゃおうぜ。」と、ＡさんとＢさん、Ｃさんの三人を誘います。ＡさんとＢさんは「いじめはいけないことだよな。でも、Ｄさんは怖いからなあ。でも、Ｅさんをいじめたらきっと悲しい気持ちになるだろうなあ…。でも、断ったら僕がＤさんにいじめられるかもしれない…」と悩んでしまいました。

Ｃさんはどうしたかというと、「よし、いじめよう。」と、すぐにその誘いに乗ってしまいました。そして、悩んでいたＢさんは「やっぱり僕はいじめられるのが嫌だから、

Dさんの言うとおりEさんをいじめようかな。」と思いました。Aさんは、「やっぱり僕は、いじめはできない。先生に相談してみよう。」と決心しました。この違いは、一体どのようなことなのでしょうか。

先程は体力の問題、今度は心の問題です。CさんがAさんのように、「やっぱりいじめはできない。先生に相談してみよう。」と考えられるようになるには、どうしたらよいのでしょうか。今晩じっくりCさんに説教しても、翌日にAさんのようにはならないでしょう。体もそうであったように、心も一朝一夕に養えるものではありません。けれども、不思議なことに心も体も崩れるのは速いのです。それを、健やかに育んでいくということは、とても難しいことなのです。

子どもたちが、変化の激しいこれからの社会で確かな自己実現を図るためには、子どもに内在する様々な資質を高め、諸能力を身に付け、それらを高めていくことが求められます。その基盤となるものは、よりよく生きようとする考えや気持ち、言い換えれば人格の基盤となる道徳性です。道徳性は、一朝一夕に養えるものではありません。意図的、計画的、発展的に養うことが必要です。その道徳性を養う教育が道徳教育です。そして、その要となるものが道徳授業なのです。

今次の学習指導要領の改訂でも、道徳教育が道徳性を養うこと、その要となるものが道徳授業であることに変わりはありません。

それでは、なぜ領域としての「道徳」を「特別の教科である道徳」に、「道徳の時間」を「特別の教科　道徳（道徳科）」に改めたのでしょうか。改めたことでこれまでの道徳教育とどのような違いがあるのでしょうか。本書では、いわゆる「道徳の特別の教科化」の背景と改正の経緯、具体的な道徳授業の在り方について分かりやすく説明してまいります。全国の先生方が本書を参考に、道徳教育の重要性を再認識するとともに、「特別の教科　道徳」の特質を生かした授業を創造していただきたいと考えます。このことが、子どもたちの豊かな心を養うことにつながるのです。今こそ、道徳教育の充実に向けた最大の好機です。道徳教育、とりわけ道徳授業の充実に向けた先生方のご尽力に大いに期待しています。

また、本書の上梓に当たって、ご尽力賜りました東洋館出版社、ご担当の近藤智昭氏、村田瑞記氏に心より感謝いたします。

平成二九年一一月

赤堀　博行

目次

# 第1章

# 道徳教育が目指すもの

## 1　道徳教育の役割を再確認する

道徳教育とはそもそも何を目指して行うのでしょうか。

道徳教育は学校教育が担う教育活動です。このことは、文部科学省令である学校教育法施行規則に規定されています。学校教育法施行規則第五〇条において、小学校及び中学校（特別支援学校の小学部、中学部も同様）の教育課程が規定されています。そこに、領域としての「特別の教科である道徳」が明示されています。そして、具体的な指導は、文部科学大臣が告示する学習指導要領を基準として各学校が編成する教育課程を基に行うことになります。学習指導要領の総則には、「学校における道徳教育は、特別の教科道徳（以下「道徳科」という。）を要として教育活動全体を通じて行う」としています。これが、道徳教育を学校で行う根拠です。なお、高等学校で道徳教育を行う根拠も、学習指導要領の総則になります。

道徳教育は、当然、家庭や地域社会でも行われるべきものと考えますが、法的な規定はありません。家庭における教育の基本的な考え方は、平成一八（二〇〇六）年に改正された教育基本法に示されました。具体的には第一〇条に「父母その他の保護者は、子の教育について第一義的責任を有するものであって、生活のために必要な習慣を身に付けさせるとともに、自立心を育成し、心身の調和のとれた発達を図るよう努めるものとする」と明示されています。生活に必要な習慣としての基本的な生活習慣の定着や、自立心の育成は道徳教育と言えますが、「道徳教育をすること」といった規定はありません。

地域社会における教育は、家庭教育と同様に、教育基本法に示されています。具体的には、第一三条において「学校、家庭及び地域住民その他の関係者は、教育におけるそれぞれの役割と責任を自覚するとともに、相互の連携及び協力に努めるものとする。」との規定があるだけです。なお社会教育は、社会において行われる教育を国及び地方公共団体が奨励するもので、このことの基本的な考え方や方策などは「社会教育法」に示されています。

## 2　道徳教育の目標

さて、道徳教育の推進を担う役割は学校にあることは説明しましたが、道徳教育自体の役割はどのようなものなのでしょうか。道徳教育の目標は、学習指導要領第1章総則に次のように示されています。（本書では小学校学習指導要領を基に説明します。）

（第1章　総則　第1　小学校教育の基本と教育課程の役割）の2

学校における道徳教育は、特別の教科である道徳（以下「道徳科」という）を要として学校の教育活動全体を通じて行うものであり、道徳科はもとより、各教科、外国語活動、総合的な学習の時間及び特別活動のそれぞれの特質に応じて、児童の発達の段階を考慮して、適切な指導を行うこと。

道徳教育は、教育基本法及び学校教育法に定められた教育の根本精神に基づき、自己の生き方を考え、主体的な判断の下に行動し、自立した人間として他者と共によりよく生きるための基盤となる道徳性を養うことを目標とすること。

**道徳教育を進めるに当たっては、人間尊重の精神と生命に対する畏敬の念を家庭、学校、その他社会における具体的な生活の中に生かし、豊かな心をもち、伝統と文化を尊重し、それらを育んできた我が国と郷土を愛し、個性豊かな文化の創造を図るとともに、平和で民主的な国家及び社会の形成者として、公共の精神を尊び、社会及び国家の発展に努め、他国を尊重し、国際社会の平和と発展や環境の保全に貢献し未来を拓く主体性のある日本人の育成に資することとなるよう特に留意すること。（傍線は筆者）**

学習指導要領第1章総則の「第1　小学校教育の基本と教育課程の役割」の2に示されている道徳教育に関わる記述は、三つのまとまりに分かれています。一つ目は、道徳教育を進めるに当たっての基本的な考え方です。具体的には、道徳科を要に学校の教育活動全体を通じて行うということです。

二つ目が、道徳教育の目標です（傍線部）。道徳教育の目標を端的に言えば、道徳性を養うことです。そして、三つ目が道徳教育を進めるに当たっての留意事項になっています。

「道徳性」には様々な捉え方がありますが、学校教育における道徳教育を考える場合には、学習指導要領や解説、あるいは、学習指導要領改正の基盤となっている中央教育審議会の答申を基にすることが適当です。

これらを勘案すると、道徳性とは人格の基盤であり、人間としてよりよく生きようとする人格的特性と言われています。「人格」は、すぐれた人間性であり、「特性」は、そのもののすぐれた性質を意味します。これらのことから、道徳性とは、人間としてよりよく生きようとする人間特有のよさであると言えます。人間は誰もがよりよく生きたいと願っています。昨日よりも今日を、今日よりも明日をよりよく生きたいと願っています。しかし、必ずしもそのように生きられるとは限りません。人間であれば、困難や障害に出合って挫折したり、ともすると安きに流れてしまったりすることもあります。このような状況においても、人間としてどう生きたらよいのかを考えて、前向きによりよく生きようとすることが大切です。よりよく生きようとするよさは、人間であればだれでももっています。「道徳性を養う」ということは、よりよく生きる上で大切なことは何かを考え、そのよさを感じ取り、それを具現化しようとする意志をもち、実現への構えをつくることなのです。

## 3 道徳性の諸様相

道徳性は様々な様相で構成されています。学校教育においては、道徳的判断力、道徳的心情、道徳的実践意欲、道徳的態度と捉えています。この他にも、道徳的知見、道徳的感性など様々な捉え方がありますが、学校教育においては前述の四つと考えることでよいでしょう。

道徳性のそれぞれの様相については、次ページの表1のように考えられています。これらの諸様相については、特に序列や段階があるということではありません。道徳性は、一人一人の子どもが道徳的価値の理解を基に自己を見つめるといった道徳的価値の自覚を深め、自己の生き方についての考えを深めることを通して、今後出合うであろう様々な場面、状況において道徳的価値を実現するための適切な行為を主体的に選択し、実践することができるような内面的資質を意味しています。

このような内面的な資質としての道徳性は、一朝一夕に養えるものではありません。道徳性は、徐々に、着実に養われることによって、潜在的、持続的な作用を行為や人格に及ぼします。学校教育においては、長期的展望と綿密な計画に基づいた丹念な指導を行うことによって、具体的な道徳的実践につなげていくことができるようにすることが大切です。

**表１　道徳性の諸様相**

| 様相 | 概要 |
|---|---|
| 道徳的判断力 | 善悪を判断する能力。人間としてよりよく生きるために道徳的価値が大切なことを理解し、様々な状況下においてどのように対処することが必要かを判断する力。的確な道徳的判断力をもつことでその状況に応じた道徳的行為が可能になる。 |
| 道徳的心情 | 道徳的価値の大切さを感じ取り、善を行うことを喜び、悪を憎む感情。人間としてのよりよい生き方や善を志向する感情。こうした感情は道徳的行為への動機として強く作用する。 |
| 道徳的実践意欲 | 道徳的心情や道徳的判断力によって道徳的行為を実現しようとする傾向性。道徳的価値を実現しようとする意志の働き。 |
| 道徳的態度 | 道徳的心情や道徳的判断力によって道徳的行為を実現しようとする傾向性。道徳的実践意欲に支えられた具体的な道徳的行為への身構え。 |

# 第2章

# 道徳の特別の教科化の背景と経緯

# 1　なぜ、道徳の特別の教科化が求められたのか

## (1) 教育課程の枠組み　―教科の捉え方―

今回の道徳教育の改善は、「教科化」というキーワードの下に進みました。「教科」の捉え方は様々ですが、教育課程の枠組みで捉えると容易に理解できます。例えば、小学校の教育課程は学校教育法施行規則に示されています。ここでは、平成二九年三月に改正されたもの（平成三二年四月一日から実施）を基に説明します。

学校教育法施行規則第五〇条には、小学校の教育課程の規定が次のように示されています。

**小学校の教育課程は、国語、社会、算数、理科、生活、音楽、図画工作、家庭、体育及び外国語の各教科（以下この節において「各教科」という。）、特別の教科である道徳、外国語活動、総合的な学習の時間並びに特別活動によつて編成するものと**

する。

つまり、小学校の教育課程は、各教科、特別の教科である道徳、外国語活動、総合的な学習の時間、特別活動の五つの「領域」で構成されるということです（図1）。そして、各教科という領域の中には、国語から外国語までの一〇の「教科」があります（図2）。特別の教科である道徳の中には、特別の教科道徳（道徳科）が、外国語活動の中には外国語活動が、総合的な学習の時間の中には総合的な学習の時間が、特別活動の中には学級活動、児童会活動、クラブ活動、学校行事といった「教科」があるということです。教育課程を枠組みとして捉えた場合はこのように考えると分かりやすいと思います。小・中学校では教科までですが、高等学校では教科の下位概念があります。例えば、教科である国語科では、国語総合、国語表現、現代文A、現代文B、古典A、古典Bといった授業を行います。これらを「科目」と言います。

「教科」という言葉の意味は必ずしも明確ではありません。「教科」について、教科書があり学習成果を評定するものとした考え方がありますが、こうした考え方では、高等学校の「国語総合」や「現代文A」なども「教科」ということになります。しかし、こ

## 図1　教科課程の枠組み

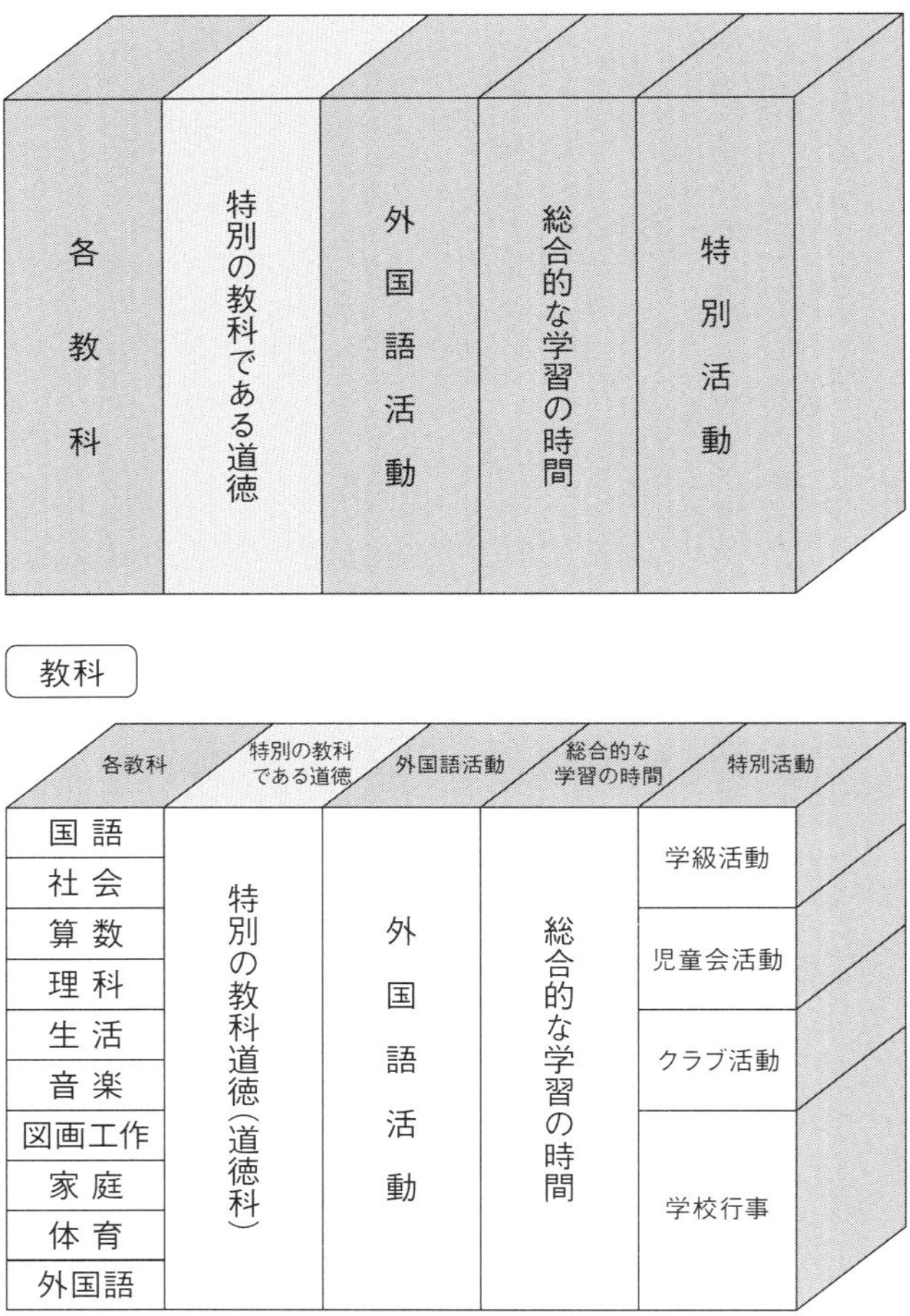
領域
各教科
特別の教科である道徳
外国語活動
総合的な学習の時間
特別活動
教科
各教科
特別の教科である道徳
外国語活動
総合的な学習の時間
特別活動
国語
社会
算数
理科
生活
音楽
図画工作
家庭
体育
外国語
特別の教科道徳（道徳科）
外国語活動
総合的な学習の時間
学級活動
児童会活動
クラブ活動
学校行事

れらは、「教科」ではありません。学校教育における「教科」は、「教育課程を構成する領域の下位概念で具体的な授業によって具現化するもの」と言えるでしょう。

## (2) 道徳の特別の教科化の経緯

今回の学校教育法施行規則及び学習指導要領の一部改正により、道徳の特別の教科化が実現しましたが、道徳の「教科化」の議論はこれまでも度々行われてきました。

平成一二年の一二月三月二四日に、教育改革国民会議の開催を内閣総理大臣が決裁しました。これは、二一世紀の日本を担う創造性の高い人材の育成を目指し、教育の基本に遡って幅広く今後の教育のあり方について検討するための有識者による会議です。一四回の会議を経て、同年一二月二二日に、「教育を変える一七の提案」をまとめました。その中のひとつに「学校は道徳を教えることをためらわない」という提案がありました。そして提言として、小学校に「道徳」、中学校に「人間科」、高校に「人生科」などの教科を設け、専門の教師や人生経験豊かな社会人が教えられるようにすることが示されました。この時には、道徳の教科化はなされませんでした。

それから、七年後、平成一九年に経済財政諮問会議で議論された「経済財政改革の基本方針二〇〇七～「美しい国」へのシナリオ～」が閣議決定されました。この会議は、経済財政政策に関し、内閣総理大臣のリーダーシップを十分に発揮することを目的に平成一三（二〇〇一）年に内閣府に設置された合議制機関です。経済財政改革の基本方針二〇〇七～「美しい国」へのシナリオ～」の中で教育再生についてもまとめられ、徳育を「新たな枠組み」により教科化し、多様な教科書・教材を作成することが示されました。そして、心と体の調和の取れた人間形成を目指して、全ての子どもたちに高い規範意識を身に付けさせる取組として、徳育を教科化し、「道徳の時間」よりも指導内容、教材を充実させることが記されました。このことは、二一世紀の日本にふさわしい教育体制を構築し、教育の再生を図っていくため教育の基本に遡った改革を推進するために内閣に設置された教育再生会議でも議論されました。

そして、平成二〇年の「社会総がかりで教育再生を（最終報告）」の中でも、心身ともに健やかな徳のある人間を育てるために、徳育を「教科」として充実させ、自分を見つめ、他を思いやり、感性豊かな心を育てるとともに人間として必要な規範意識を学校でしっかり身に付けさせることが示されました。このときは、学習指導要領の改正の時期でもあったため、中央教育審議会でも議論をしましたが、教科化にまでは至らずに道徳の時間を要として道徳教育を充実させることを確認し、各学校に道徳教育推進教師を置くなどの対応がなされました。

このような経緯について、例えば、教育改革国民会議が、「学校が道徳を教えることをためらわない」ことを提案した背景を考えると、学校は道徳教育を行うことをためらっているのではないかといった懸念があることが推察されます。「ためらう」ということは、「躊躇う」であり、やろうかどうか思い悩むという意味です。この提案は学校に対して大いに配慮した物言いです。学校には道徳教育をやろうという意志があるが、なんらかの理由で迷っているのではないかということです。一方で、小学校に道徳、中学校に人間科、高等学校に人生科などの教科を設けると提言しています。また、専門の教師や人生経験豊かな社会人が教えられるようにしたらどうかとも提言しています。これらを勘案すると、学校における道徳教育に対する懸念が見え隠れします。要は、全国どこの学校でも、道徳教育、とりわけ道徳授業をしっかりと行ってほしいという国民の願いがあるということです。

道徳授業は、小学校と中学校の教育課程に位置付いています。つまり、道徳授業は、義務教育としての行われるべき教育活動です。義務教育は保護者がその子女に教育を受けさせる義務を負うことですが、憲法第二六条に次のように規定されています。

**第二六条　すべて国民は、法律の定めるところにより、その能力に応じて、ひとしく教育を受ける権利を有する。**

学校教育を考えれば、教育を受ける権利を有しているのは子どもたちです。子どもたちは道徳教育を受ける権利があるにも関わらず、学校によって、あるいは教師によって道徳授業を行ったり行わなかったりということでよいのか、義務教育としての道徳教育は、全ての学校で全ての教師が同じ程度に道徳授業をしてもらいたいということです。このことが「教科化」の背景にあるということです。

### (3) なぜ、道徳教育は充実しなかったのか

では、なぜ道徳教育が学校でしっかりと行われないのでしょうか。学校で行う道徳教育は教育活動全体を通じて行います。朝、子どもたちが登校してから下校するまで、いろいろな機会で行うのですが、どのように道徳教育を行うのかは、学習指導要領に内容

が示されているだけで、具体的な進め方は決まっていないのです。

「道徳教育」はとても難しい教育活動です。それは、教育活動全体で行う道徳教育は何を目指して行うのかということを各学校で決めなくてはならないからです。学校ごとに実情も子どもたちの実態も違います。その中でどういった目標を設定するのかを、学校が決めなければならないのです。

そして、目標を設定したら、それを達成するためにどのような内容を重点的に指導するのか、さらに具体的にそれに基づく指導をいつ、どのように行うのかということを各学校が決める必要があるのです。したがって、これらのことを決められない学校は、道徳教育がなかなか充実しないということになるのです。

道徳授業にしても同様です。今次の改正で道徳の内容が変わっています。詳細は後述しますが、小学校の低学年、中学年は内容項目数が増えています。高学年は統合したり、新たなものも加えたりして、数としてはこれまでと同じ二二です。その二二の道徳の内容を指導する上で必要な授業時数は標準授業時数の三五時間ということになります。したがって、その二二の内容項目を一時間ずつ指導したとしても、一三時間の余りが生じます。その一三時間にどのような指導をするのか、誰が決めるのかといえば、当該の学校が決めなければならないのです。つまり、年間の授業を計画する場合、学校が重点としている内容項目の授業が当然多くなるのです。

他の教科は、指導内容が大体決まっていて、要は教科書に従ってしっかり指導していけば、指導すべき内容は子どもたち伝わっていきます。しかし、道徳教育はそうではないのです。どの内容を重点に道徳教育を行うかは、学校が決めなくてはならないのです。学校で独自に計画をつくらなくてはいけないし、道徳授業の進め方も全て学校で決めなくてはなりません。決めることが非常に多いので、学校、つまり先生方が、主体的に道徳教育をしっかり行おうという意識をもたない限り、道徳教育が充実することはないのです。

学校が主体的に、子どもの実態や地域の実情など様々な事項を的確に把握して、育てたい「子ども像」を明らかにして、しっかり目標を設定し、全ての先生たちが共通理解、共通実践をすることが求められています。

そのために何が大切かといえば、学校が子どもの実態を把握して、目標を設定し、計画を立ててしっかり実施をして評価・改善をするということがしっかりできる学校のカリキュラム・マネジメント力が必要となります。これがなければ、道徳教育を推進することは困難ということです。

また、学校の組織力も重要になります。学校は、一人一人の先生方がいろいろな教育指導をしていますが、組織として教育活動を行う所ですから、先生方にそのような意識がなければ道徳教育は推進できません。教育活動全体を通じて行う道徳教育は、一人の先生だけでできるものではないのです。

さらに、求められるものは校長先生のリーダーシップです。校長先生が道徳教育をしっかり行おうと思っている学校は、道徳教育は充実に向かいます。しかし、校長先生が方針を示さない学校では、先生方の共通理解、共通実践は期待できません。

道徳の特別の教科化の背景には、端的に言えば、「全ての学校で、全ての先生がしっかりと道徳教育を行ってほしい」「週一時間の道徳の授業を確実に行ってほしい」という多くの国民のみなさんの願いがあるということです。

## 2　道徳の特別の教科化はどのように行われたのか

### (1)　いじめ問題への対応

これまでは教科化は実現しませんでしたが、今回はさらに「いじめ問題への対応」という課題が加わったのです。

平成二三（二〇一一）年に起きた大津のいじめの問題です。いじめを受けた子どもが自ら命を絶つという痛ましい事件でした。この問題を契機に、文部科学省はいじめに関わる緊急調査を実施しました。すると、毎年行っている「児童生徒の問題行動等生徒指導上の諸問題に関する調査」の平成二三年度の結果、いじめの認知件数は、小・中学校ともに概ね三万件だったにも関わらず、大津の事件を受けて行った緊急調査では、平成二四（二〇一二）年の四月からの五、六か月の間に、小学校では八万八千件、中学校では四万三千件という結果になりました。このことは、それぞれの学校が子どもたちの様子を細かく見た結果とも言えますが、一方で、学校のいじめに対する認識が問われることにもなりました。

平成二五（二〇一三）年に内閣総理大臣の諮問機関として発足した、二一世紀の日本にふさわしい教育体制を構築し、教育の再生を実行に移していくための諸問題を協議する教育再生実行会議は、いじめ問題への対応について審議し、同年二月二五日に「いじめの問題等への対応について」提言を示しました。

この提言の中で、まずもって示されたのが「心と体の調和の取れた人間の育成に社会全体で取り組む。道徳を新たな枠組みによって教科化し、人間性に深く迫る教育を行う。」というものでした。

その背景として、学校は自ら正しく判断する能力を養い、命の尊さ、自己や他者の理解、規範意識、思いやり、自主性や責任感などの人間性を養う場であるところですが、道徳教育の現状は指導内容や指導方法に関し、学校や教師によって充実度に差があり、初期の目的が十分に果たされていない状況にあると指摘されました。そのため、道徳教育の重要性を再確認し、その抜本的な充実を図るとともに新たな枠組みで教科化し、人間の強さや弱さを見つめながら、理性によって自らをコントロールし、よりよく生きるための基盤となる力を育てることが必要ということでした。

## (2) 道徳教育の充実に関する懇談会と中央教育審議会答申

この提言を受けて、文部科学省は、同年三月二六日に道徳教育の充実に関する懇談会を設置し、道徳教育の現状と課題、今後の方向性について審議を重ねて、文部科学大臣に「今後の道徳教育の改善・充実方策について」報告しました。その中で、道徳教育の改善を図るため、制度上、道徳の時間を「特別の教科　道徳」(仮称)として新たに位置付けることを検討すべきということが示されました。

報告を受けた文部科学大臣は、翌平成二六(二〇一四)年二月一七日に中央教育審議会に「道徳に係る教育課程の改善等について」諮問をしました。具体的には、第一に教育課程における道徳教育の位置付けについて、第二に道徳教育の目標、内容、指導方法、評価についてです。

諮問を受け、中央教育審議会では、道徳教育専門部会を設置して審議を重ね、同年一〇月二一日に「道徳に係る教育課程の改善等について」答申しました(以下「答申」という)。

答申では、道徳教育で養う「道徳性」は人格の基盤であり、今、学校で推進している「生きる力」を育むということについても、「道徳性」は、「生きる力」の三つの要素である「確かな学力」「豊かな心」「健やかな体」にうちの「豊かな心」だけではなくて「確かな学力」も「健やかな体」も併せて支えるものとしています。

例えば、小学生が「ただいま」と学校から帰ってきました。小学生は帰宅したら、まず何をするでしょうか。その日に学校で学習したことを復習するでしょうか。宿題をやるのでしょうか。

Aくんは、「ただいま」と帰ってきたら、ランドセルを放り投げて「サッカーに行ってきます。」と言って遊びに行こうとしています。Aくんには節度があると言えるでしょうか。お母さんが言いました。「今日は宿題ないの。」すると、Aくんは「帰ってからやります。」という返事です。この子は誠実でしょうか。お母さんが怒って言いました。「宿題は、帰ってすぐにやる約束でしょ。」、この家にはこのような約束があったのです。約束を守れないAくんの規範意識にどうでしょうか。

「ただいま。」とAくんがあわてて帰ってきました。お母さんが言いました。「何時だと思ってるの。夕方六時までに帰ってくる約束でしょ。」、Aくんは節度があるでしょうか。きまりを守れますか。自分の行動を節制できていますか。

仕方なく宿題を始めます。「嫌だなあ。なんで先生は宿題を出すのかなあ。」先生に八つ当たりです。「そうだ。電卓でやっちゃおう。」、「帰ってすぐやらないから、いけないんでしょう。自分の力でしっかりやりなさい。」とお母さんがたしなめます。Ａくんは自律的ですか。誠実さはあるでしょうか。勤勉さはあるでしょうか。

「もう眠くてできないよ。算数なんて大嫌いだあ。」あきらくんは、本当は能力が高いのですが、なかなか成績に反映されません。どうすればよいでしょうか。

子どもたちがしっかり自分の目標をもって学習できるようにするために、様々な道徳的価値について考えるということは必要です。自分のめあてをもって努力できない子ども、人の話が聞けない子どもは、学力向上は期待

道徳性は、子どもたちの学力を
高める上でも重要となる

できないでしょう。道徳性というのは、子どもたちの学力を高める上でも非常に重要なことが分かります。

答申では、道徳教育は特定の価値観を押しつけるのではないとしています。多様な価値観、いろいろな考え方、感じ方があって、時にそれらが対立する場合も含めて、誠実にそれらと向き合って、道徳としての問題を考え続けていく姿勢が、道徳教育では求められているとしています。

しかし、道徳授業は、他の授業に比べて軽視されがちであると指摘しています。今次の道徳の特別の教科化に際して、学校だけでなく一般的に考えてもこのことはうなずけます。例えば、新聞報道でも、ある記事のタイトルには「道徳を教科に格上げ」とありました。どういうことを意味しているのでしょうか。現状では道徳は格下だと認識していると思わざるを得ません。他にも「道徳を正式な教科に」という見出しがありましたが、これは、現時点では道徳は正式な教科ではないという認識に他ならないのではないでしょうか。

少し前に東京都のある市で、中学校の保健体育の授業で、保健の指導がほとんど行われていなかったことが大問題になりました。いわゆる未履修の問題です。しかし、例えば道徳授業で公徳心の指導をしていなかったとしても、大きな問題にならないのはどうしてでしょうか。やはり、「道徳は大切だ」と言っていても、「本当に大切だと思っているのか。」と疑問に思ってしまいます。

答申では、道徳教育は、教育活動全体を通して行うものであると確認しています。そして、その要となる道徳授業をしっかり行うことが大切であるとしています。そこで、「道徳」を「特別の教科　道徳」として新たに位置付けて、その目標や内容、教材や評価をしっかりと見直すことが必要であるとしたのです。

また、道徳授業についての課題も指摘しています。道徳授業では、その多くで読み物教材を使って授業をしています。授業者が明確な意図をもって、教材を吟味して、子どもたちが自分との関わりで道徳的価値の理解を深めるような授業は全国各所で見られます。しかし一方で、単に読み物教材の登場人物の心情などを読み取っているだけの授業があるのではないか、あるいは、道徳的価値に迫るなどとして、子どもたちに望ましいと思われることを言わせたり書かせたりする授業が少なくないのではないかとしています。

確かに、授業者が自分の期待する発言が出てくるまで、「まだありませんか。」「出ませんか。」「ちょっと隣の人と話し合ってみましょう。」「では、グループになってみましょうか。」などと投げ掛けている授業を見ることがあります。ようやく先生の望む発言が出ると、さりげなく「なるほど、そんな考え方もありますね。」と言いながら満面の笑みになっています。子どもたちは先生の笑顔が大好きですから、先生が笑顔になるようなことを探して発言するようになります。こうした指導は、先生の考え方の押しつけになってしまいます。

答申ではこの他にも、道徳教育が充実するためには、校長先生の方針が重要であり、校長先生の明確な方針によって教職員が共通理解・共通実践を行うことができるということ、特別の教科道徳の授業では検定教科書を使用すること、また、教科書だけではなく、多様な教材が活用されることが重要であることを示しています。

そして、評価については、数値による評価ではなくて、子どもたちの学習状況や道徳性に係る成長の様子を把握して指導に生かす旨を示しています。

改善方策の骨子は次のページの通りです。

○道徳授業を要として学校の教育活動全体を通じて行うという道徳教育の基本的な考え方は適切であり、今後も引き継ぐべきである。一方で、道徳教育が期待される役割を十分に果たすことができるようにするための改善が求められる。
○道徳の時間を「特別の教科 道徳」(仮称)として位置付ける。
○目標を明確で理解しやすいものに改善する。
○道徳の内容をより発達の段階を踏まえた体系的なものに改善する。
○多様で効果的な道徳教育の指導方法へと改善する。
○「特別の教科 道徳」(仮称)に検定教科書を導入する。
○一人一人のよさを伸ばし、成長を促すための評価を充実する。

人格の基盤である道徳性を養うという基本的な考え方は踏襲し、全ての学校で道徳教育が確実に行われるようにすることが何よりも大切であるということです。そのための諸条件の整備が求められました。

答申を基に、文部科学省内で学習指導要領の道徳に関わる部分の改訂が行われ、平成二七(二〇一五)年三月二七日に学校教育法施行規則の一部を改正する省令の制定、小学校学習指導要領の一部を改正する告示、中学校学習指導要領の一部を改正する告示及び特別支援学校小学部・中学部学習指導要領の一部を改正する告示が公示されました。

## 3　道徳教育はどのように変わったのか

学習指導要領の一部改正で、道徳教育がどのように変わったのかを確認します。このことを形式と内容、実質を視点として多面的に考察します。

### (1)　形式面でどのように変わったか

形式面からは次のように変わっています。

①　教育課程における位置付けについて、学校教育法施行規則は小学校、中学校等の教育課程を規定しています。小学校の教育課程は、各教科、道徳、外国語活動、総合的な学習の時間、特別活動の五領域で構成されています。この「道徳」が「特別の教科である道徳」と改められました。

②　学習指導要領の総則において、「道徳の時間」としていた道徳授業が、「特別の教科である道徳」に改められました。今後は、道徳授業は「道徳科」と称することになります。また、学習指導要領の第3章「道徳」が「特別の教科　道徳」となりました。

③　これまで学習指導要領においては、第1章総則に道徳教育の目標だけを掲げて、学校の教育活動全体を通じて行う道徳教育と道徳の時間の具体については第3章道徳に示していましたが、今後は第1章総則に道徳教育の目標と学校の教育活動全体を通じて行う道徳教育の具体が示され、道徳科における指導の基準は第3章特別の教科道徳に示すようになりました。なお、教育活動全体を通じて行う道徳教育の内容は、第3章特別の教科道徳の第2に示す道徳科の内容とすることは変わっていません。

④　道徳科の授業を行う際の主たる教材として子どもに無償で給与される検定教科書を使用することになりました。なお、答申においては、道徳教育の特性に鑑み、教科書だけでなく、多様な教材が活用されることが重要であり、国や地方公共団体は、教材の充実のための支援に努める必要があることが示されており、このことは尊重すべきことと言えます。

⑤　評価に関わる事項は、第3章特別の教科道徳に学習状況や道徳性に係る成長の様子

を継続的に把握することが示されています。このことから、これは道徳科の授業における評価という旨が明らかになりました。道徳性の評価を行うのではないことが分かります。

また、指導要録について、道徳科に関して、指導の目標に照らして学習状況や成長の様子などを文章で記述するための専用の記録欄を設けることなどの改善を図る必要がある旨が示され、文部科学省からは参考様式が示されていることから、このことも尊重すべきことです。

## (2) 内容面でどのように変わったか

内容面の変更について、ここでは主なものを示します。詳細については、学習指導要領解説の総則編及び特別の教科道徳編における「改善の要点」にまとめられているので参照してください。

### (学校の教育活動全体を通じて行う道徳教育)

① 道徳教育の目標について、これまで目標や配慮事項が一文で示されていましたが、

目標を「自己の生き方を考え、主体的な判断の下に行動し、自立した人間として他者と共によりよく生きるための基盤となる道徳性を養うこと（小学校）」と簡潔に示し、配慮事項を別途「主体性のある日本人の育成に資することとなるよう特に留意しなければならない」と示しました。

② 教育活動全体を通じて行う道徳教育の配慮事項として、全教師が協力して全体計画を作成すること、全体計画に各教科等で道徳教育の指導の内容及び時期を示すこと、指導の重点化を図るために子どもの発達の段階や特性等を踏まえて留意すべきこと、豊かな体験の充実といじめの防止や安全の確保等に資するよう留意すること、学校の道徳教育の情報を積極的に公表することなどを付記しました。

**（道徳科）**

③ 道徳科の目標を「よりよく生きるための基盤となる道徳性を養う」として、学校の教育活動全体を通じて行う道徳教育の目標と同一であることを明示しました。そして、道徳科において道徳性を養うために行う学習活動を「道徳的諸価値についての理解を基に、自己を見つめ、物事を多面的・多角的に考え、自己の生き方についての考

えを深める学習」と具体的に示しました。また、「道徳的実践力」の中身を分かりやすく「道徳的な判断力、心情、実践意欲と態度」と示しました。

④　道徳の内容については、これまで「1　主として自分自身に関すること」「2　主として他の人とのかかわりに関すること」「3　主として自然や崇高なものとのかかわりに関すること」「4　主として集団や社会とのかかわりに関すること」としていた四つの視点を、「A　主として自分自身に関すること」「B　主として人との関わりに関すること」「C　主として集団や社会との関わりに関すること」「D　主として生命や自然、崇高なものとの関わりに関すること」と改めました。

⑤　内容項目について、これまで1－⑵、3－⑴などと示されることが多かったことから、内容項目を概観しその全体像を分かりやすくするために、その内容を端的に表す言葉を「節度、節制」「親切、思いやり」「規則の尊重」「生命の尊さ」などと付記しました。

⑥　第一学年及び第二学年（以下「低学年」という）に「個性の伸長」及び「公正、公平、社会正義」、並びに「国際理解、国際親善」に関わる内容を、第三学年及び第四学年（以下「中学年」という）に「相互理解、寛容」及び「公正、公平、社会正義」

に関わる内容を、第五学年及び第六学年（以下「高学年」という）に「よりよく生きる喜び」に関わる内容を追記しました。

また、高学年における「役割自覚、責任」に関わる内容と「愛校心」に関わる二つの内容を併せて「よりよい学校生活、集団生活の充実」としました。この結果、内容項目数は、低学年が一九、中学年が二〇、高学年が二二となりました。（中学校は二四の内容項目を二二に整理）

⑦ これまで目標に示していた各教科等との密接な関連及び道徳授業の特質である補充、深化、統合に関する事項は、配慮事項に示されました。

⑧ 配慮事項として、子どもが自らを振り返り、道徳性を養うために自らが考え、理解することなどを追記しました。また、言語活動の充実を明確にするとともに、道徳科の特質を生かした指導を行う際の指導方法の工夫例を、問題解決的な学習、道徳的行為に関する体験的な学習等として示しました。

⑨ 指導上の配慮事項として、社会の持続可能な発展などの現代的な課題の取扱いを例示しました。（中学校は生命倫理を追記）

⑩ 多様な教材の開発や活用や教材の具備すべき要件について例示しました。

⑪　道徳科の評価について学習状況や道徳性に係る成長の様子を継続的に把握して指導に生かすよう努めることを明記しました。数値などによる評価は行わないことには変わりはありません。

### (3) 実質面でどのように変わったか

これまでの道徳の時間が目指すものは、道徳科が目指すものと実質的には変わっていません。「道徳的実践力を育成する」とした「道徳的実践力」は、これまで「道徳的心情、道徳的判断力、道徳的実践意欲と態度を包括するもの」としていました。道徳科ではこれを開いて「道徳的な判断力、心情、実践意欲と態度を育てる」としています。目指すものは同様であることが分かります。

実質面では、変わること、あるいは変わることが期待されていることは次のようなことが挙げられます。

①　道徳科の授業について、全国どこの学校においても、全ての子どもが給与される教科書を主たる教材として、確実に道徳を学ぶことができるようになることです。

これまでも子どもたちは確実に道徳授業で学んでいたのではないか、例えば、文部科学省が実施した道徳教育推進状況調査では、道徳の時間の実施時数は、標準授業時数である三五単位時間を確保できていたのではないかという意見があるかもしれません。

しかし、この結果によると、全国どこの学校でも必ずしも道徳の時間の特質を生かした授業を行っていたとは言えない状況があるのです。つまり、全国どこの学校でも特質を生かした授業を行っていたとすれば、教育改革国民会議の「学校は道徳を教えることをためらわない」という提言、あるいは、道徳教育の充実に関する懇談会や中央教育審議会において、授業に関して「学校や教師によって格差がある」というような議論にはならないでしょう。

これまでも、各出版社が編集、発行した副読本には「学習指導要領準拠」といった記載が見られましたが、これからは学習指導要領に基づく検定教科書を使用して授業をすることになれば、授業の量的、質的なボトムアップは期待できるのではないでしょうか。

② 今次の学習指導要領の改善に際しては、答申を踏まえ、子どもの発達の段階に応じ

て、答えが一つではない課題を一人一人の子どもが道徳的な問題と捉え向き合う「考える道徳」「議論する道徳」へと転換を図ることを基盤にしました。

「考える道徳」とは、道徳的価値及びそれに関わる事象を子どもが主体的に考えることを意味しています。また、「議論する道徳」とは、子どもと教師が、また子ども同士が話合いなどの対話的な学びを通して、自己の生き方、あるいは人間としての生き方についての考えを深めることができるような授業を意味しています。こうした授業に転換する必要があるということは、これまでそのような授業が行われてこなかったことが背景にあるのです。

しかし、これまで「考える道徳」「議論する道徳」といった授業がなかったのかと言えば必ずしもそうではありません。教師が日頃の道徳教育とその結果としての子どもの実態を踏まえ、道徳的価値の自覚を深めるための効果的な授業実践は、全国各所で見ることができました。そうであれば、改めて「考える道徳」「議論する道徳」への転換を掲げなくてもよいではないかという意見もあろうかと思います。しかし、効果的な好事例よりも多く見られた授業が、答申でも挙げられている読み物教材の登場人物の心情理解のみであったり、子どもに望ましいと思われることを言わせたり書かせたりするようなものであったりする事例ということです。こうした授業は、一定の道徳的価値を自分事として考える道徳授業としてふさわしいものとは到底言えないでしょう。

今次の改善に際しては、道徳科の目標に分かりやすく示された具体的な学習が全国の学校で行われる授業で具現化されることが期待されているのです。

# 第3章

# 道徳科の特質を生かした授業の創造

## 1　道徳科の目標

道徳科の特質を生かした授業を行う際には、道徳科の目標についての理解を深めることが重要です。道徳科の目標は学習指導要領第3章特別の教科道徳の第1目標に次のように示されています。

**第1章総則の第1の2に示す道徳教育の目標に基づき、よりよく生きるための基盤となる道徳性を養うため、道徳的諸価値についての理解を基に、自己を見つめ、物事を多面的・多角的に考え、自己の生き方についての考えを深める学習を通して、道徳的な判断力、心情、実践意欲と態度を育てる。**

前述の通り、学校の教育活動全体で行う道徳教育の目標を端的に言えば「道徳性を養う」ことです。道徳科も学校の教育活動全体を通じて行う道徳教育であることから当然「道徳性を養う」ことを目指します。したがって、道徳科の授業は道徳教育の目標に基づくことになるのです。

そこで、道徳教育の目標について確認しておきます。道徳教育の目標は、学習指導要領第1章総則に次のように示されています。

## (1) 道徳教育の目標

**道徳教育は、①教育基本法及び学校教育法に定められた教育の根本精神に基づき、②自己の生き方を考え、③主体的な判断の下に行動し、④自立した人間として他者と共によりよく生きるための基盤となる⑤道徳性を養うことを目標とすること。**

### ① 教育基本法及び学校教育法に定められた教育の根本精神

学習指導要領自体が、教育基本法及び学校教育法に定められた教育の根本精神に基づいて教育課程の基準を示していることから、道徳教育においてもこのことは当然のことです。

では、他教科の目標にはこうした文言は見当たらないのに、どうして道徳教育にだけ特記しているのでしょうか。それは、教育基本法が目指す方向性と関わりがあります。

昭和二二（一九四七）年に公布、施行された教育基本法は、科学技術の進歩や少子高齢化など教育をめぐる状況が大きく変化する中で、道徳心や自律心、公共の精神、国際社会の平和と発展への寄与などについて、今後、教育においてより一層重視することが求められたことから、平成一八（二〇〇六）年に五九年ぶりに改正され、一二月二二日に公布、施行されました。この改正の意図を鑑みても、教育基本法が心豊かな日本人を育成することを最重要課題にしていること、言い換えれば、道徳教育の充実を求めていることが分かります。

また、平成一九（二〇〇七）年に改正された学校教育法には、義務教育の目標が新設され（第二一条）、自主、自律及び協同の精神、規範意識、公正な判断力、公共の精神に基づき主体的に社会の形成に参画しその発展に寄与する態度を養うことなどが示されました。これらの資質・能力を養う上でも、道徳教育が重要であることが分かります。

こうしたことを背景に、学校教育で行う道徳教育の目標には、「教育基本法及び学校教育法に定められた教育の根本精神に基づき」ということが明記されているのです。

さらに、前述のように学習指導要領自体が教育基本法及び学校教育法に定められた教育の根本精神に基づいていることから、学校の教育活動全体で行う道徳教育の目標に明示したことが考えられます。

「教育基本法及び学校教育法に定められた教育の根本精神」としては、具体的に次のようなものが挙げられます。

**教育基本法**

（教育の目的）

第一条　教育は、人格の完成を目指し、平和で民主的な国家及び社会の形成者として必要な資質を備えた心身ともに健康な国民の育成を期して行われなければならない。

（教育の目標）

第二条　教育は、その目的を実現するため、学問の自由を尊重しつつ、次に掲げる目標を達成するよう行われるものとする。

一　幅広い知識と教養を身に付け、真理を求める態度を養い豊かな情操と道徳心を培うとともに、健やかな身体を養うこと。

二　個人の価値を尊重して、その能力を伸ばし、創造性を培い、自主及び自律の精神を養うとともに、職業及び生活との関連を重視し、勤労を重んずる態度を養うこと。

三　正義と責任、男女の平等、自他の敬愛と協力を重んずるとともに、公共の精神に基づき、主体的に社会の形成に参画し、その発展に寄与する態度を養うこと。

四　生命を尊び、自然を大切にし、環境の保全に寄与する態度を養うこと。

五　伝統と文化を尊重し、それらをはぐくんできた我が国と郷土を愛するとともに、他国を尊重し、国際社会の平和と発展に寄与する態度を養うこと。

## 学校教育法

（義務教育の目標）

第二一条　義務教育として行われる普通教育は、教育基本法（平成一八年法律第一二〇号）第五条第二項に規定する目的を実現するため、次に掲げる目標を達成するよう行われるものとする。

一　学校内外における社会的活動を促進し、自主、自律及び協同の精神、規範意識、公正な判断力並びに公共の精神に基づき主体的に社会の形成に参画し、その発展に寄与する態度を養うこと。

二　学校内外における自然体験活動を促進し、生命及び自然を尊重する精神並びに環境の保全に寄与する態度を養うこと。

三　我が国と郷土の現状と歴史について、正しい理解に導き、伝統と文化を尊重し、それらをはぐくんできた我が国と郷土を愛する態度を養うとともに、進んで外国の文化の理解を通じて、他国を尊重し、国際社会の平和と発展に寄与する態度を養うこと。

四　家族と家庭の役割、生活に必要な衣、食、住、情報、産業その他の事項について基礎的な理解と技能を養うこと。

五　読書に親しませ、生活に必要な国語を正しく理解し、使用する基礎的な能力を養うこと。

六　生活に必要な数量的な関係を正しく理解し、処理する基礎的な能力を養うこと。

七　生活にかかわる自然現象について、観察及び実験を通じて、科学的に理解し、処理する基礎的な能力を養うこと。

八　健康、安全で幸福な生活のために必要な習慣を養うとともに、運動を通じて体力を養い、心身の調和的発達を図ること。

九　生活を明るく豊かにする音楽、美術、文芸その他の芸術について基礎的な理解と技能を養うこと。

一〇　職業についての基礎的な知識と技能、勤労を重んずる態度及び個性に応じて将来の進路を選択する能力を養うこと。

## ② 自己の生き方を考える

「自己」については心理学的、あるいは哲学的に様々な解釈がありますが、「自分」がその人自身、個人としての相対と捉えられるのに対して、自分を客観的に見たときの個を自己と捉えることが多いようです。つまり、客観的に自分自身を見たときの個が「自己」であると考えられます。例えば、鏡を見ている者が自分で、鏡に映っている者が自己と捉えると考えやすいかも知れません。

類義語に「自我」があります。「自我」については、哲学的には、他者や外界と区別された認識や行為の主体であり、その認識や行為が変化しても同一的な主体であると考えられています。一方、心理学的には、行動や意識の主体と考えられています。

自己の生き方を考えるとは、自分自身を客観的に見てどのような生き方をすればよいのかを考えることです。

特に、人格の基盤である道徳性を養うためには、子ども自らが発達の段階に応じて自分の姿を客観的に見つめ、どのように生きていくことが大切なのかを考えることができるようにすることが求められます。

「自己の生き方」を考えるためには、一人一人の子どもが、よりよく生きようとする自分の姿を思い浮かべて、自己肯定感を高めるとともに、他者との関わりや集団や社会との関わりの中での自己の存在価値を認識して、自己実現を図れるようにすることが重要になります。道徳授業だけでなく、道徳教育を推進するに当たっては、子どもが自分自身に関心をもち、客観的に自分自身を考察する、つまり、自己を見つめることが不可欠なのです。

### ③　主体的な判断の下に行動する

「主体的な判断の下に行動する」とは、子どもが様々な問題場面に出合ったときに、子ども自身でその状況に応じてどのように行動すべきかを、自分の意志や判断に基づいて選択し実践するということです。

子どもたちが、自律した人間としてよりよく生きていくためには、道徳的判断力や道徳的心情を基に適切な行動を行おうとする意志をもち、具体的な行動を行えるようにすることが重要です。そのためには、子どもたちが将来、また日常生活で出合う様々な問題に正対し、たとえそれが困難な問題であってもその解決を回避することなく、自分事として受け止めて考え、人間としてよりよい解決を積極的に図ろうとすることが求められるのです。

一人一人が主体的な判断の下に行動することが、よりよい集団や社会の形成につながっていきます。

### ④　自立した人間として他者と共によりよく生きる

「自立した人間」とは、文字通り他者からの助力や指示、命令あるいは支配を受けることなく独り立ちしている人間のことです。一人一人が自分のことを自分ですることは大切なことですが、人間は決して一人で生きていくことはできません。他者との励まし合い、支え合いなどが必要不可欠です。こうした支え合いや励まし合いなどのつながりが、よりよい集団や社会の実現につながっていきます。つまり、自らが他者と共によりよく生きようとする意欲や態度を育むことが求められるのです。

人間は誰もがよりよく生きたいと願って、よりよい生き方の実現に努めています。その基盤となることが、一人一人が自立した人間になること、望ましい自己を確立することであり、他者との関わりを豊かにすることなのです。

## ⑤ 道徳性を養う

道徳性とは人格の基盤であり、人間としてよりよく生きようとする人格的特性です。また、道徳性とは、人間としてよりよく生きようとする人間特有のよさでもあります。自立した人間として他者と共によりよく生きるためには、一人一人が、昨日よりも今日を、今日よりも明日をよりよく生きようとすることが大切です。

道徳性の諸様相などについては、一六ページの表1を参照してください。

## (2) 「考え、議論する道徳へと転換を図る」とは

道徳授業の改善の方向性として、次のような指摘がありました。

**発達の段階に応じ、答えが一つではない道徳的な課題を一人一人の児童生徒が自分自身の問題と捉え、向き合う、考える道徳、議論する道徳へと転換を図る。**

「転換を図る」ということとは、変えていくということです。では、これまでの授業をどのように変えたらよいのでしょうか。道徳授業の改善に当たって、「読み物道徳から、考え、議論する道徳へ」などとも言われました。道徳授業は道徳的価値を自分の問題として主体的に考える学習が行われなければなりません。また、学校における授業として行いますから、集団思考が尊重されなければなりません。つまり、対話的な学びが求められるということです。

これまでの道徳授業を考えた場合、授業者が明確な意図をもって教材を吟味して、子どもが自分との関わりで道徳的価値の理解を深めるような授業が多くの学校で見られました。しかし、それ以上に答申で取り上げられたような読み物教材の登場人物の心情理

解に終始した授業や、子どもたちに望ましいと思われることを言わせたり書かせたりするいわゆる価値観の押し付けのような授業が見られたということです。

考え、議論する道徳に向けてどのように授業改善を図るのかは、今までどのような授業をしてきたかによって一様ではないということです。

さて、道徳授業では、答えが一つではない問題を道徳的価値を視点に自分事として考える学習を展開します。私たちの身の回りには、答えが一つではない問題が少なくありません。このことについて一つ例を基に考えてみます。

今日は太郎さんと花子さんの初めてのデートです。二人はピクニックに行くことになりました。花子さんは初めてのデートなので、その日は夜明けとともに起床して太郎さんのために弁当を作りました。弁当のおかずは卵焼きです。花子さんは、一生懸命に卵焼きを作りました。

ピクニックで自然を満喫し、いよいよ昼食の時間になりました。二人は弁当を開きます。太郎さんが卵焼きを一口食べてみると、「しょっぱい！」。花子さんはかなり塩を入れ過ぎてしまったようです。

さあ、太郎さんは花子さんに何と言ったらよいでしょうか。みなさんが太郎さんだったら何と言いますか。「おいしいよ」と言うでしょうか。あるいは「少し塩が効いているね。でもなかなかいい味だよ」というでしょうか。それとも、「これは塩辛くて食べられないよ」と言うでしょうか。

ここで、「おいしいよ」あるいは「いい味だね」という答えは、正しくありません。ある意味、うそを言っていることにもなります。では、「おいしいよ」または「いい味だね」という答えは不適切なのでしょうか。この場合、どのように答えたらよいのでしょうか。「塩辛くて食べられないよ」が正解でしょうか。

いよいよお弁当の時間です！
太郎さんが、卵焼きを一口食べてみると…

花子さんは、かなり塩を入れすぎたようです。

おそらく正解はないでしょう。花子さんの性格を考えたり、太郎さんがこれから花子さんとどうしていきたいかを展望したりするなど、様々な状況によって答えは決して一つとは限りません。

「おいしい」「いい味だね」という答えの背景にはどのような思いがあるのでしょうか。これらの答えの背景には、花子さんへの「思いやり、親切」の気持ちがあったのかもしれません。または、「自分のために弁当を作ってくれてありがとう」という「感謝の念」があったのかもしれません。「おいしい」「いい味だね」という答えた人は、相手に対する思いやりや感謝などについて考えることができる人でしょう。一方、「塩辛くて食べられな

太郎さんは、
花子さんに何と言ったらよいでしょうか？
様々な道徳的価値を基に
ふさわしい答えを考える

いよ」と答えた人は「正直」を重視したのかもしれません。

ここで言えることとは、問題場面に出合ったときは、様々な道徳的価値を基に、多面的・多角的に考えて、その状況にふさわしい答えを導き出すことが大切であるということです。自分の思ったことを偽りなく相手に伝えることが正直だと考えることは一面的ではないかとも思われます。そうであれば、正直について多面的・多角的に考えさせる必要があるでしょう。つまり、子どもたちに道徳教育、とりわけ道徳授業を行う場合には、単に「将来こういうときにこうしたらいい」というような処世術を考えさせればよいというものではないのです。それよりも「相手に対する思いやりとはどういうことなのか。」「感謝の気持ちとはどういうことなのか。」「正直にふるまうとはどういうことなのか。」ということを自分事としてしっかり考えられるようにしておくことが、子どもたちの将来を考えた場合に何よりも大事なことではないでしょうか。

今後は価値観の多様化がますます進行し、答えが一つではない問題が多くなることが予想されます。これからの道徳授業では、正解だけでなく納得解を追求する授業が大切になるかも知れません。

### (3) 道徳科の目標

さて、道徳科の目標は以下の通りです。

**①道徳的諸価値についての理解を基に、②自己を見つめ、③物事を多面的・多角的に考え、自己の生き方についての考えを深める学習を通して、道徳的な判断力、心情、実践意欲と態度を育てる。**

道徳科の指導は、道徳性を養うために行います。改善された目標には、このことを具体的にどのような学習を通して実現するのかが明記されました。ここで配慮すべきことは、目標に示されている具体的な学習は、形式を示しているのではありません。学習の実質を示しているのです。したがって、具体的にどのような学習にするのかは、授業者が自らの道徳的価値についての考え方、子どもの実態、教材の特質などを勘案した指導観に基づいて工夫することが求められます。ここでは、目標に示されている学習の実質について考えていくことにします。

## ① 道徳的諸価値についての理解

道徳科の授業は、一定の道徳的価値についての理解を基にした学習を展開します。目標に「道徳的諸価値」と示しているのは、年間の授業において、学習指導要領に示された内容項目に含まれる様々な道徳的価値について考えるからです。様々な道徳的価値を理解する理由は、子どもたちが将来、様々な問題場面に出合った際に、その状況に応じて自己の生き方を考え、主体的な判断に基づいて道徳的実践を行うことができるようにするためです。

道徳的価値とは、私たちがよりよく生きるために必要とされるものです。また、人間としての在り方や生き方の礎となるものです。前述の「親切」「感謝」「正直」などがあります。道徳的価値は多様ですが、学校教育においてはこれらのうち、子どもの発達の段階を考慮して、一人一人が道徳的価値観を形成する上で必要なものを内容項目として取り上げています。道徳的価値は、内容項目に含まれています。内容項目によって含まれる道徳的価値の数は異なります。

例えば、低学年の「A 節度、節制」には、「健康、安全」「物持」「整理整頓」「節度」といった様々な道徳的価値が含まれています。また、「A 個性の伸長」には、「個性伸長」しか含まれません（図2）。このことから、低学年の「A　節度、節制」を指導する場合には、二主題でそれぞれの授業を展開するなどの工夫が必要になります。

なお、今回の道徳教育の改善に当たっては、内容項目に「善悪の判断、自律、自由と責任」「親切、思いやり」「規則の尊重」「生命の尊さ」など、その内容を端的に表す言葉を付記しています。以下、小学校と中学校の文言を示しておきます。

**（小学校）**

**A　主として自分自身に関すること**

［善悪の判断、自律、自由と責任］［正直、誠実］［節度、節制］［個性の伸

図2　内容項目例

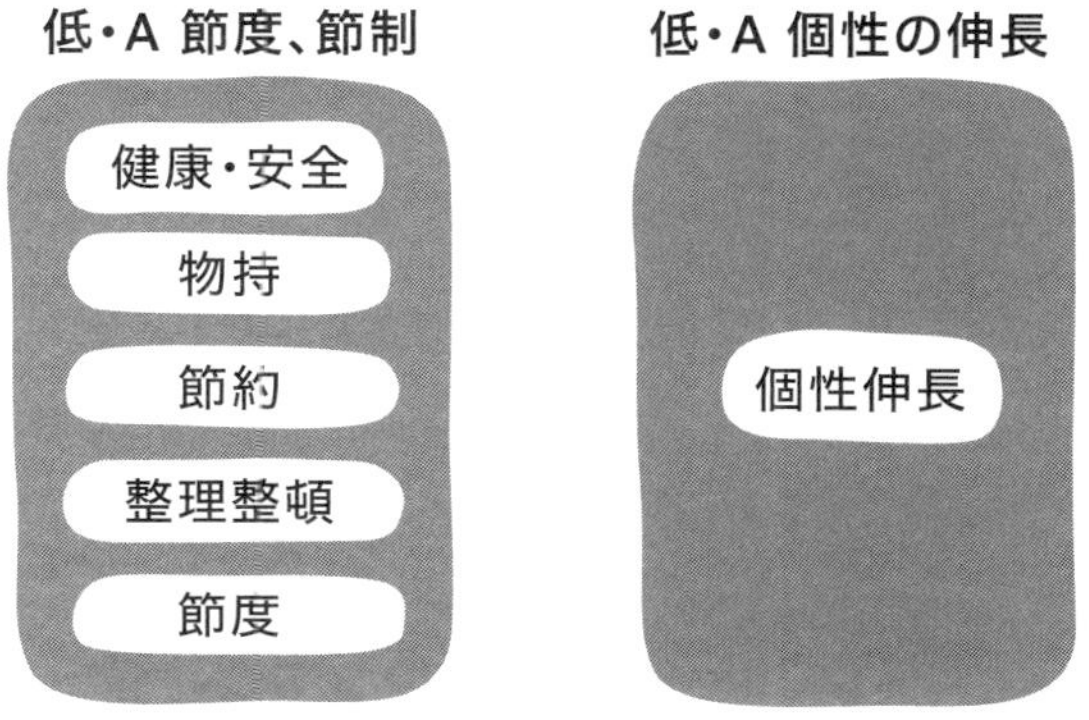

長〕〔希望と勇気、努力と強い意志〕〔真理の探究〕

**B　主として人との関わりに関すること**

〔親切、思いやり〕〔感謝〕〔礼儀〕〔友情、信頼〕〔相互理解、寛容〕

**C　主として集団や社会との関わりに関すること**

〔規則の尊重〕〔公正、公平、社会正義〕〔勤労、公共の精神〕〔家族愛、家庭生活の充実〕〔よりよい学校生活、集団生活の充実〕〔伝統と文化の尊重、国や郷土を愛する態度〕〔国際理解、国際親善〕

**D　主として生命や自然、崇高なものとの関わりに関すること**

〔生命の尊さ〕〔自然愛護〕〔感動、畏敬の念〕〔よりよく生きる喜び〕

**〈中学校〉**

**A　主として自分自身に関すること**

〔自主、自律、自由と責任〕〔節度、節制〕〔向上心、個性の伸長〕〔希望と勇気、克己と強い意志〕〔真理の探究、創造〕

**B　主として人との関わりに関すること**

［親切、思いやり］［礼儀］［友情、信頼］［相互理解、寛容］

**C　主として集団や社会との関わりに関すること**

［遵法精神、公徳心］［公正、公平、社会正義］［社会参画、公共の精神］［勤労］［家族愛、家庭生活の充実］［よりよい学校生活、集団生活の充実］［郷土の伝統と文化の尊重、郷土を愛する態度］［我が国の伝統と文化の尊重、国を愛する態度］［国際理解、国際貢献］

**D　主として生命や自然、崇高なものとの関わりに関すること**

［生命の尊さ］［自然愛護］［感動、畏敬の念］［よりよく生きる喜び］

道徳的価値を理解することとは、子どもが将来、様々な問題場面に出合った際に、その状況に応じて自己の生き方を考え、主体的な判断に基づいて道徳的実践を行う上で不可欠です。答えが一つではない問題に出合った際に、その状況においてよりよい行為を選択できるようにするためには、多数の道徳的価値について単に一面的な決まりきった理解ではなく、多面的・多角的に理解することが求められるのです。

具体的には、第一に、道徳的価値を人間としてよりよく生きる上で意義深いこと、大切なことであると理解することです。これを「価値理解」と言います。「よく考えて度を過ごさないように生活することは大切なことである」「相手の気持ちを考えて親切にすることは人間関係を良好に保つ上で必要なことである」などとする理解です。

また、道徳的価値は人間としてよりよく生きる上で大切なことではありますが、それを実現することは容易なことではないといった理解も大切になります。これを「人間理解」と言います。

さらに、道徳的価値を実現したり、あるいは実現できなかったりする場合の考え方や感じ方は、人によって異なる、また、状況によっては一つではないということの理解も求められます。これを「他者理解」と言います。

道徳的価値の意義や大切さを理解するとともに、道徳的価値が人間らしさを表すものであることに気付き、価値理解と同時に人間理解や他者理解を深めていくようにすることが重要です。

道徳科の授業において道徳的価値の理解を図ることは不可欠ですが、具体的にどのような理解を中心に学習を展開するのかは、授業者の意図によることは言うまでもありません。自立した人間として他者と共によりよく生きるための基盤となる道徳性を養うには、道徳的価値について理解する学習を欠くことはできません。

なお、道徳的価値の意義やよさを観念的に理解させる学習に終始することは一面的な理解にとどまるとともに、ともすると道徳的価値に関わる特定の価値観の押し付けになることにもつながりかねないので留意しなければなりません。

### ② 自己を見つめる

道徳授業で最も大切なことは、子どもが道徳的価値を自分との関わりで考えられるようにすることです。人間としてよりよく生きる上で大切な道徳的価値を観念的に理解するのではなく、自分事として考えたり感じたりすることが重要なのです。

「自己」については、五四ページで説明したとおり、客観的に自分自身を見たときの個と捉えることができます。「自己を見つめる」ということは、自分自身を第三者的な立場から見つめ、考えることです。つまり、外側から自分自身を見つめることです（図3）。この場合の自分自身とは、現在の自分のありのままの姿と同時に、現在の自分が形成されるに至ったこれまでの経験やそれに伴う考え方、感じ方なども包括しています。道徳授業においては、一定の道徳的価値を視点として、今までの経験やそれに伴う考え方、感じ方などを想起し、確認することを通して自分自身の現状を認識し、道徳的価値についての考えを深めることが大切なのです。

こうした学習を通して、子どもたちは、道徳的価値に関わる自らの考え方、感じ方を自覚し、自己理解を深めていくのです。このように、自分の現状を認識し、自らを振り返って成長を実感するなど自己理解を深めることは、子ども自身がこれからの課題や目標を見付けることにつながるのです。

図3　自己を見つめる

### ③　物事を多面的・多角的に考える

「多面的・多角的に考える」ことは、新たに追記された文言です。繰り返しになりますが、子どもたちが将来出合うであろう様々な問題は、決して答えが一つであるとは限りません。「親切」を例に考えてみます。困っている人に手を差し伸べることは一般的には大切なことと言えます。しかし、場合によっては手を差し伸べることがかえって不親切になることも少なくありません。

「女の子と母親」（文部省『小学校道徳の指導資料とその利用3』一九八〇）という高学年を対象として作成された読み物教材があります。概要は次の通りです。

主人公（小学校高学年の女の子）が日曜日に公園に写生に出かけます。好天の中で多くの子どもたちが楽しそうに遊んでいました。主人公は、遊んでいる子どもたちのじゃまにならない木陰のベンチを選んで写生を始めます。すると、黄色い靴をはいた幼い女の子がよちよちと主人公に向かって近付いてきます。主人公が（あっ、そこにくぼみがあるのに…。）と、思ったとたんに足をとられて転んでしまいました。女の子は、転んだ瞬間は泣きませんでしたが、顔を上げて、主人公を見たとたんに泣き出してしまいました。

主人公は、女の子に近寄って抱き起こし、手の平や服などの汚れをはらいます。

幸いけがはありませんでしたが、女の子は前よりも大きな声を出して泣いています。主人公は戸惑いながら周囲を見渡すと、少し離れたところに女の子の母親らしい人が様子をうかがっていることに気付きました。母親は主人公に向かって軽く会釈をします。

母親の存在に気付いた女の子は、先ほどよりも足早に母親のもとに歩きだします。あまり早く歩いたためか、女の子は母親の二、三メートル手前で再び転んでしまいました。主人公は、母親がすぐに抱き起こすだろうと思いましたが、母親は一言、二言女の子に向かって声をかけただけで一向に抱き起こそうとしません。主人公は疑問を感じつつ様子を見ていましたが、いつになっても手助けしようとしない母親の様子から、女の子は自分の力で立ち上がり、母親にすがり付いて行きました。母親は優しく女の子の頭を二、三回なで、女の子はすぐに泣きやみました。そして、主人公は、なるほどと思うのでした。

主人公の「なるほど」は、女の子の自立のためには、手を差し伸べずに見守ることも大切であると気付いたということでしょう。親切とは、相手の立場や気持ちを考えて手を差し伸べることでもあり、見守ることでもあるのです。

多面的のイメージとしては、例えば、ある植物を正面から見たときには、緑がきれいとしか見えませんでしたが、違った側面から見たら、つぼみが付いていることに気付いた、また、違った側面からみたらチョウが止まっていたなどと、様々な見え方をするといったことです（図4を参照）。

さて、東日本大震災の後、しばらくの間、テレビで企業広告がなされずに、公益社団法人ACジャパンのコマーシャルが放映されました。その中で、電車の中で座っていた高校生の男子生徒は、妊婦さんが乗車していることに気付きますが、なかなか席を譲ることが

**図4 「多面的」のイメージ**

できません。すると、別の女性が席を譲ります。それを見た男子生徒はうつむきます。また、石段を杖をつきながら高齢の女性が登っていきます。後から登ってきた男子生徒は声を掛けようとしますが、なかなか言葉が出ません。そして、男子生徒はその女性を追い越してしまいます。広告の最後は、男子生徒が女性に手を差し伸べて支える様子で終わります。

このように、親切にすることは大切ですが、状況によっては親切にすることが難しい場合もあります。また、親切にできないこともあります。人間には弱さがあるのです。こうしたことも理解することが必要です。

つまり、親切を様々な面から考察し、親切についての理解を深められるような多面的に考えることが大切なのです。

また、親切に関わる行為の態様は限りなく存在しますが、親切な行為は親切という道徳的価値だけで考えられるものではありません。

「おじいさんの顔」（文部省『道徳の指導資料　児童作文』一九七〇）という読み物教材があります。

日曜日に主人公は、母と一緒に親戚の家に出かけます。大勢の人々が待つ中、ようやく電車が来ます。主人公はドアのそばの座席に座ることができました。混雑の中、母の様子は分かりませんでしたが、四つ目の駅で大勢の乗客が降りると席が空いたので、ほっとしました。そこへ、大きな荷物を両手に持った高齢の男性が乗車してきました。そして、主人公の前に重そうな荷物を置くと空席を探す様子がうかがえました。男性の顔は汗びっしょりです。主人公は男性が気になって仕方がありません。主人公は、最後は、思い切って「どうぞ」と席を譲るのですが、なかなか言い出せませんでした。

この状況では、男性のことを思いやって席を譲ろうとする親切が中心となりますが、それだけで片付けられる問題ではありません。「どうぞ」と言って席を譲って、断られたらどうしようとなかなか言いだせなかったのです。親切な行為には勇気も必要になるものです。また、祖父を思い浮かべるなど、これまで様々な高齢者との関わりがあり、自分たちの生活の基盤をつくった高齢者には感謝の気持ちをもつことが必要だとも考えます。このように一定の道徳的価値について考えていく中で、異なる道徳的価値との関わりに気付くことも少なくありません。中心となる道徳的価値から周囲を考察するといろいろな物が見えてくる。つまり、一定の道徳的価値から関連する他の道徳的価値に広がりをもたせて考えるようにする多角的な理解も大切なのです（図５）。

このように物事を多面的・多角的に考える学習を通して、子どもたちは、価値理解と同時に人間理解や他者理解を深めたり、他の道徳的価値との関わりに気付いたりします。このような学習が、道徳的価値に関わる考え方や感じ方を深め、同時に自己理解をも深めることにつながっていきます。

道徳科においては、子どもが道徳的価値の理解を基に物事を多面的・多角的に考えるこ

図５　「多角的」のイメージ

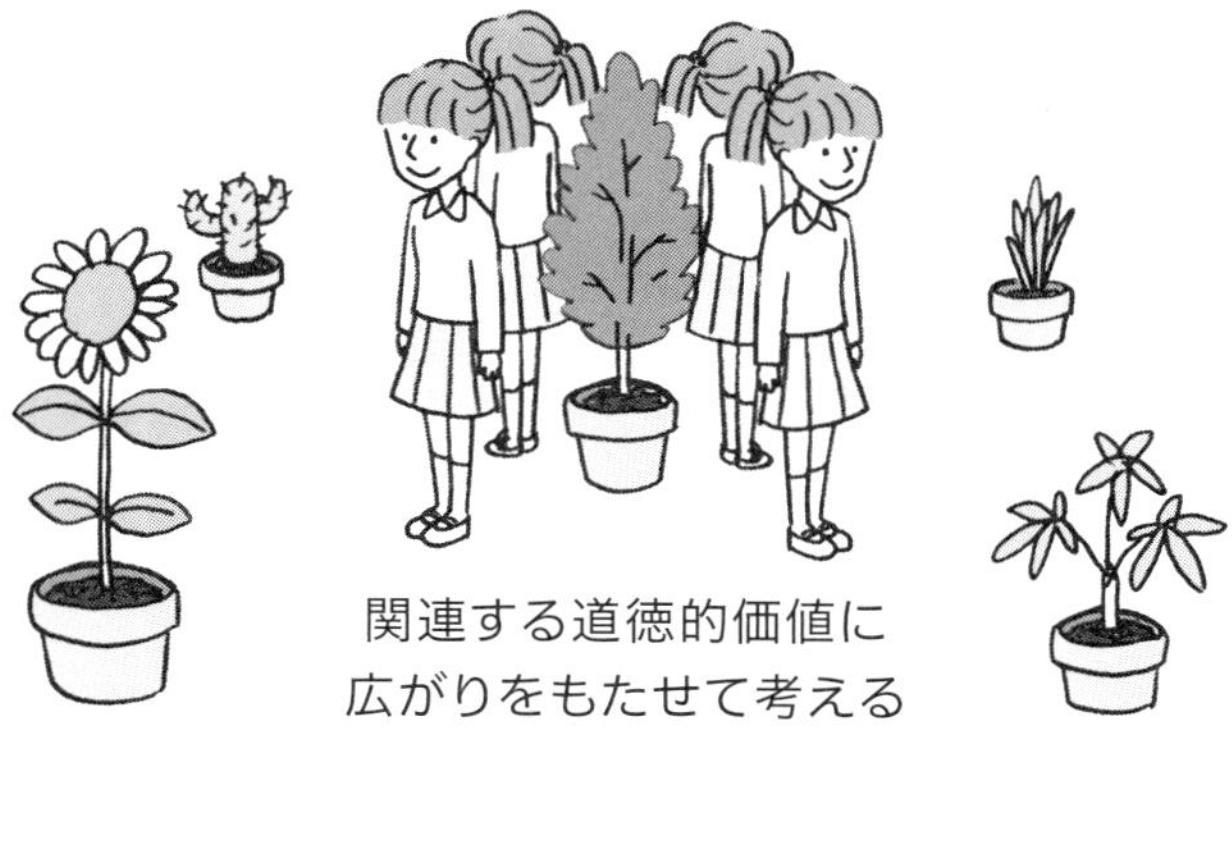
関連する道徳的価値に
広がりをもたせて考える

とができるような授業を構想することが大切です。道徳的価値の理解は、道徳的価値自体を観念的に理解するような一面的なものではありません。道徳的価値を含んだ事象を自分の経験やそれに伴う考え方、感じ方を通して、それらのよさや意義、困難さ、多様さ、他の道徳的価値とのつながりなどを理解することが重要なのです。

## ④ 自己の生き方についての考えを深める

道徳授業の特質として第一に押さえるべきことは、子どもが道徳的価値に関わる諸事象を自分との関わりで考えることです。子どもが道徳的価値の理解を自分との関わりで図り、自己を見つめるなどの道徳的価値の自覚を深める学習を行っていれば、その過程で同時に自己の生き方についての考えを深めていることにつながります。道徳授業を構想するに当たっては、道徳的価値の理解を自分との関わりで深めたり、自分自身の体験やそれに伴う考え方や感じ方などを想起したりすることができるようにするなど、特に自己の生き方についての考えを深めることを強く意識して指導することが重要です。

授業構想に際しては、子どもが道徳的価値の自覚を深めることを通して形成された道徳的価値観を基に、自己の生き方についての考えを深めていくことができるような学習展開を工夫したいところです。自己の生き方についての考えを深めるためには、例えば、子どもがねらいとする道徳的価値に関わる事象を自分自身の問題として受け止められるようにすることが考えられます。

公開研究会で、「はしの上のおおかみ」（文部省『小学校道徳の指導資料』第1集一九六四）の授業を参観しました。授業者は、教材を紙芝居で提示していました。授業後に、紙芝居による教材提示の理由を尋ねると、「低学年は紙芝居が好きだから」という回答でした。その授業の中心は、子どもたちがオオカミに自我関与して、親切のよさや温かさについて考えることでした。教材提示後の学習では、子どもたちが親切のよさや温かさを自分事として考えていました。このことから、授業者が紙芝居で教材提示をしたことで、子どもたちが「はしの上のおおかみ」の話に夢中になり、話の世界に入り込んでいったと推察されます。紙芝居が展開された教室はまるで水をうったようで、子どもたちがお話の世界に吸い込まれるように姿勢が前傾していきました。

紙芝居による教材提示は、子どもがねらいとする道徳的価値やそれに関わる事象を自分事として考えようとする構えをつくるのです。授業者が、このことを意図的に行ったとすれば、子どもたちの登場人物への自我関与はより一層深まるでしょう。

また、高学年の「友情」に関わる授業を見た際に、導入段階で授業者は子どもたちが回答したアンケート調査の結果を提示しました。

「先週、みなさんに答えてもらったアンケート結果を発表します。『友達とはどんな人でしたか』という問いに、一番多かった答えが『一緒にいて楽しい人』でした…」というように展開しました。

授業後に、アンケート結果を提示した理由を問うと、たまたま学年で相談して行ったアンケート結果があって授業のねらいに合っていたから使ったという答えでした。授業中の子どもたちはアンケート結果に興味津々でした。その後の展開は、やはり子どもたちが道徳的価値やそれに関わる事象を自分事として真剣に考えていました。これは、導入段階で、子ども自身が回答したアンケートの結果を示したことにより、今日の授業は自分たちに関わりが深いことという認識をもつことができたからなのです。

これらの事例から言えることは、多くの授業者が意図的か否かは別として、子どもがねらいとする道徳的価値に関わる事象を自分自身の問題として受け止められるようにする手立てを講じているということです。このことを授業者自身が、今日の授業では、子どもたちが自分との関わりで考えられるようにしようという意図を明確にもつことで、子どもたちが自己の生き方についての考えを深める学習を促すことにつながっていくのです。ぜひとも、道徳授業においては、子どもたちにとって「自分事」の学習になることを期待したいところです。

### ⑤ 道徳的な判断力、心情、実践意欲と態度を育てる

道徳教育は、子どもたちの道徳性を養う教育活動です。道徳的な判断力、心情、実践意欲と態度は道徳性の諸様相です。これらの概要については、一六ページを参照してください。道徳科の授業では、道徳性のいずれかの様相を育てることが目標になります。したがって、道徳科の授業のねらいには、授業者が養いたいと考えている道徳性の様相が含まれることになります。

道徳授業の学習指導案のねらいに、「うそをついたりごまかしたりしないで、素直にのびのびと過ごせるようにする」、または「友達同士互いに理解し合い、助け合うことのよさに気付かせる」、あるいは「働くことの社会に奉仕することの充実感を味わい、公共のために役立つことのよさを理解する」などと記されていることがありますが、これらのねらいからは授業者が育てたい道徳性が分かりません。したがって、このような

ねらいは適切とは言えないのです。

道徳授業のねらいは、道徳の内容と道徳性の様相を勘案した上で、一時間の授業の方向性が分かりやすく示されているものが望ましいと言えます。以下に、道徳性の様相が明確になっているねらいを例示します。


**〈ねらいの例〉**

**○低学年　A　希望と勇気**
自分がやるべき勉強や仕事はしっかりと行おうとする態度を育てる。

（道徳的態度）

**○中学年　B　礼儀**
礼儀の大切さを知り、誰に対しても真心をもって接しようとする心情を育てる。

（道徳的心情）

**○高学年　C　公正、公平、社会正義**
誰に対しても差別や偏見をもつことなく、公正、公平な態度で接しようとする実践意欲を高める。

（道徳的実践意欲）

道徳性は、一朝一夕に養われるものではありません。道徳授業を丹念に積み上げること、つまり、一時間、一時間の道徳授業を確実に行うことによって、徐々に、着実に道徳性が養われ、潜在的、持続的な作用を行為や人格に及ぼすようになるのです。学校の道徳教育の目標など、長期的な展望と綿密な指導計画に基づいた指導が道徳的実践につながることを再確認したいところです。

## 2　道徳科の内容

道徳科の内容は、子どもたちが将来出合うであろう様々な場面・状況において、その場、その状況でどのように対応したらよいかを考え、判断し、行為を選択して道徳的実践をするための拠り所となるものです。言い換えると、人間としてよりよい生き方を求めていくための支えとなるものと言えます。

道徳の内容は、道徳科の学習の内容であることは言うまでもありませんが、学校の教育活動全体を通じて行う道徳教育の内容でもあるのです。道徳の内容として示されている項目は、六四ページでも説明したように、様々な道徳的価値を含んでいます。内容項目によっては、複数の道徳的価値が含まれているものもありますし、単一の道徳的価値から成り立っている内容項目もあります。

### (1) 四つの視点

学習指導要領における内容項目は、これまで様々な形で示されてきました。昭和三三（一九五八）年に道徳の時間が設置された際の学習指導要領では、主として「日常生活の基本的行動様式」に関する内容、主として「道徳的心情、道徳的判断」に関する内容、主として「個性の伸長、創造的な生活態度」に関する内容、主として「国家・社会の成員としての道徳的態度と実践的意欲」に関する内容を視点に分類されていました。

その後、視点は示されなくなりましたが、平成元（一九八九）年から、主として自分自身に関すること、主として他の人とのかかわりに関すること、主として自然、崇高なものとのかかわりに関すること、主として集団や社会とのかかわりに関することとして示されるようになりました。

今回、道徳科においては、以下の四つの視点で分類され、低、中、高学年の学年段階ごとに示されています。

A　主として自分自身に関すること
B　主として人との関わりに関すること
C　主として集団や社会との関わりに関すること
D　主として生命や自然、崇高なものとの関わりに関すること

この視点は、関わりについての広がりを表しています。私たちは誕生すると、一人の人間としての人生がスタートします。まず始めは自分自身です。しかし、人生を送る上で様々な人々と関わりをもちます。様々な生育環境が考えられますが、もっとも身近な人は親と言えるでしょう。自分自身から人との関わりに広がります。そして、人と人との関わりが広がると集団や社会が形成されます。私たちがまずもって所属する集団は家族です。そして、複数の家族が集まり、同じ地域で一つの目的のために力を合わせて生活を営んでいきます。地域性と共同性で構成されるコミュニティです。そこでの一人一人の成員は、人との関わりと同時に集団や社会との関わりをもつことになります。集団や社会がよりよいものになるためには、その成員としての一人一人の人間としての成長が求められます。また、よりよいコミュニティは、その成員同士の豊かなコミュニケー

ションが土台になります。さらに、よりよいコミュニティを維持、向上できるようにするためには、自然環境が大切になりますし、人間の力を超えたものへの畏敬の念も大切になります。私たちが自然や人間の力を超えたものへの思いをはせることで、自らを省みてよりよく生きようとする意欲が喚起されるのです（図6）。

### (2) 具体的な内容

道徳科の内容項目数は、低学年が一九項目、中学年が二〇項目、高学年が二二項目となっています。ちなみに中学校も二二項目です。視点ごとに内容項目を概観します。なお、具体的な内容については、学習指導要領

図6　4つの視点の考え方

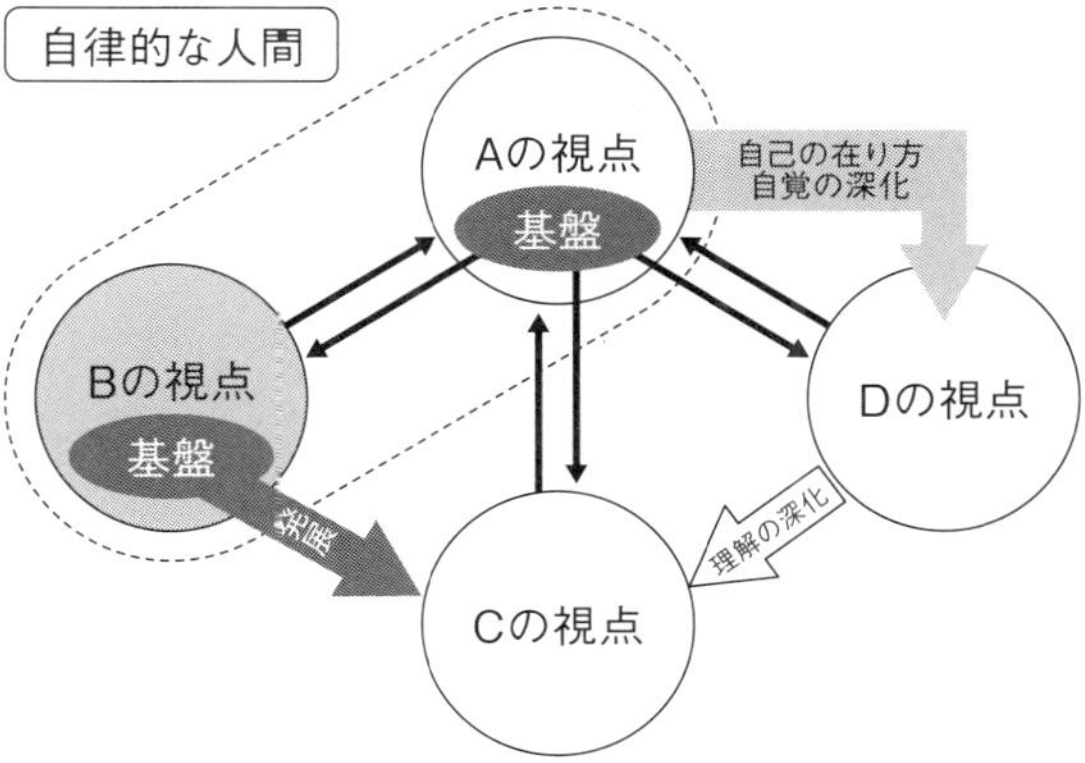

や解説を参照してください。

## A　主として自分自身に関すること

### 1　善悪の判断、自律、自由と責任

物事の善悪を的確に判断し、自らの正しいと信じるところに従って行動すること、自他の自由を大切にするとともにそれに伴う責任を自覚することに関わる内容項目です。

低学年では、よいと思うことを進んで行うことを、中学年では正しいと判断したことは、自信をもって行うことを、高学年では、自由を大切にし、自律的に判断し、責任のある行動をすることについて指導します。

### 2　正直、誠実

自分自身に誠実に、明るい心で伸び伸びと生活することに関わる内容項目です。

低学年では、うそやごまかしのない素直に伸び伸びと生活することを、中学年では、過ちは素直に改め正直に明るい心で生活することを、高学年では、自分自身に誠実に明るい心で生活することについて指導します。

## 3　節度、節制

健康・安全、物・金銭の活用など基本的な生活習慣を身に付け、自立した生活をするために節度をもって節制に心掛けることに関わる内容項目です。

低学年では、健康・安全に留意するとともに、物や金銭を大切にし、整理整頓を心掛け、わがままをしないで規則正しい生活をすることを、中学年では、自分のことは自分で行い思慮深く節度ある生活することを、高学年では、さらに生活習慣の大切さについて理解し、自分の生活を見直し、節度、節制に心掛けることを加えて指導します。

## 4　個性の伸長

自分らしさを発揮した自己実現を図ることができるようにするための基盤となる、自分の長所を積極的に伸ばすとともに、短所を改めることに関わる内容項目です。

低学年では、長所を中心に自分の特徴に気付くことを、中学年では、自分の長所を伸ばすことを、高学年では、さらに短所を改めることを加えて指導するようにします。

## 5　希望と勇気、努力と強い意志

目標を達成するために、くじけずに粘り強く努力することに関わる内容項目です。低学年では、自分のやるべき勉強や仕事をしっかりと行うことを、中学年では自分でやろうと決めた目標に向かって、強い意志をもって粘り強くやり抜くことを、高学年では、より高い目標に向かって希望と勇気をもち、困難があってもくじけずに努力してやり抜くことについて指導します。

## 6　真理の探究

探究心をもって、物事を合理的に考え、真理を大切にしようとすることに関する内容項目です。この内容項目は、高学年だけに位置付けられています。

# B　主として人との関わりに関すること

## 7　親切、思いやり

よりよい人間関係を築くために、相手に対する思いやりの心をもち親切にすることに関する内容項目です。

低学年では、身近にいる幼い人や高齢者などに温かい心で接し親切にすることを、中学年では、相手のことを思いやり、進んで親切にすることを、高学年では、誰に対しても思いやりの心をもって親切にすることについて指導します。

## 8　感謝

自分の日々の生活が多くの人々に支えられていることを考え、それらの人々に尊敬と感謝の念をもつことに関する内容項目です。

低学年では、家族など日頃世話になっている人々に感謝することを、中学年では、生活を支えてくれている人々や現在の生活を築いてくれた高齢者などに尊敬と感謝の気持ちをもって接することを、高学年では、日々の生活が家族や過去からの多くの人々の支えや助け合いで成り立っていることに感謝しそれに応えることについて指導します。

## 9　礼儀

よりよい人間関係を構築する上で求められる行動様式や、それを支える真心を育むことに関する内容項目です。

低学年では、気持ちのよい挨拶や言葉遣い、動作などに心掛けて、偽りなく接することを、中学年では、礼儀の大切さを知り、誰に対しても真心をもって接することを、高学年では、時と場に応じて礼儀正しく真心をもって接することについて指導します。

### 10　友情、信頼

友達同士、互いに切磋琢磨して高め合い、信頼し合って豊かな関係を築くことに関わる内容項目です。

低学年では、友達同士仲よくし助け合うことを、中学年では、友達同士互いに理解し、信頼し、助け合うことを、高学年では、友達同士互いに信頼し、学び合って友情を深めるとともに、異性への理解を深めて人間関係を構築することについて指導します。

### 11　相互理解、寛容

異なる立場や考え方なども尊重して相互理解を深めるとともに、謙虚で広い心をもって接することに関わる内容項目です。中学年以上に位置付いています。

中学年では、自分の考えや意見を相手に伝えるとともに、自分と異なる意見も大切にすることを、高学年では、さらに謙虚な心をもち広い心で自分と異なる意見や立場を尊重することについて指導します。

## C　主として集団や社会との関わりに関すること

### 12　規則の尊重

集団生活を維持する上で必要な約束やきまり、法の意義を理解してそれらを守るとともに公徳を大切にし、自他の権利を尊重して義務を果たすことに関する内容項目です。低学年では、約束やきまりを守り、みんなが使う物を大切にすることを、中学年では、約束や社会のきまりの意義を理解してそれらを守ることを、高学年では、法やきまりの意義を理解した上で進んでそれらを守り、自他の権利を大切にして義務を果たすことについて指導します。

### 13　公正、公平、社会正義

社会正義の実現に努め、公正、公平な態度で振る舞うことに関わることで、特にいじめへの対応として最も重要な内容項目の一つです。

低学年では、自分の好き嫌いにとらわれないで接することを、中学年では、誰に対しても分け隔てをせずに公正、公平な態度で接することを、高学年では誰に対しても差別をすることや偏見をもつことなく、公正、公平な態度で接し、正義の実現に努めることについて指導します。

## 14　勤労、公共の精神

仕事に対して誇りや喜びをもって公共のために働くことや、進んで社会に奉仕することに関わる内容項目です。

低学年では、働くことのよさを知りみんなのために働くことを、中学年では、働くことの大切さを知り、進んでみんなのために働くことを、高学年では、働くことや社会に奉仕することの充実感を味わうとともにその意義を理解し、公共のために役に立つことをすることについて指導します。

## 15　家族愛、家庭生活の充実

家族を敬愛し、家族の一員として家庭のために役立つことで家庭生活の充実を図ることに関わる内容項目です。

低学年では、父母、祖父母を敬愛し、進んで家の手伝いなどをして家族の役に立つことを、中学年では、父母、祖父母を敬愛し、家族みんなで協力し合って楽しい家庭をつくることを、高学年では、父母、祖父母を敬愛し、家族の幸せを求めて進んで役に立つことをすることについて指導します。

### 16 よりよい学校生活、集団生活の充実

先生や学校の人々を尊敬し感謝の気持ちをもって、充実した学級生活、学校生活を送ろうとすることや、集団における自分の役割を自覚して集団生活の充実に努めることに関する内容項目です。

低学年では、先生を敬愛し学校の人々に親しみをもって学級や学校の生活を楽しくすることを、中学年では、先生や学校の人々を敬愛し、みんなで協力し合って楽しい学級や学校をつくることを、高学年では、先生や学校の人々を敬愛し、みんなで協力し合ってよりよい学級や学校をつくるとともに、集団の中での自分の役割を自覚して集団生活の充実に努めることについて指導します。

## 17　伝統と文化の尊重、国や郷土を愛する態度

我が国や郷土の伝統と文化を尊重し、それらを育んできた我が国や郷土を愛する心をもつことに関する内容項目です。

低学年では、我が国や郷土の文化と生活に親しみ愛着をもつことを、中学年では、我が国や郷土の伝統と文化を大切にし、国や郷土を愛する心をもつことを、高学年では、我が国や郷土の伝統と文化を大切にし、先人の努力を知り、国や郷土を愛する心をもつことについて指導します。

## 18　国際理解、国際親善

他国の人々や多様な文化を尊重するとともに、日本人としての自覚をもって国際理解、国際親善に努めようとすることに関わる内容項目です。

低学年では、他国の人々や文化に親しむことを、中学年では、他国の人々や文化に親しみ、関心をもつことを、高学年では、他国の人々や文化について理解し、日本人としての自覚をもって国際親善に努めることについて指導します。

## D　主として生命や自然、崇高なものとの関わりに関すること

### 19　生命の尊さ

生命ある全てのものをかけがえのないものとして尊重し、大切にすることに関わる内容項目です。

低学年では、生きることのすばらしさを知り生命を大切にすることを、中学年では、生命の尊さを知り生命あるものを大切にすることを、高学年では、生命が多くの生命のつながりの中にあるかけがえのないものであることを理解し、生命を尊重することについて指導します。

### 20　自然愛護

自分たちを取り巻く自然環境を大切にしたり、動植物を愛護したりすることに関する内容項目で、特に持続可能な開発のための教育（ＥＳＤ）と関連の深いものです。

低学年では、身近な自然に親しみ動植物に優しい心で接することを、中学年では、自然のすばらしさや不思議さを感じ取り自然や動植物を大切にすることを、高学年では、自然の偉大さを知り、自然環境を大切にすることについて指導します。

## 21　感動、畏敬の念

美しいものや崇高なもの、人間の力を超えたものに感動する心や畏敬の念をもつことに関わる内容項目です。

低学年では、美しいものに触れすがすがしい心をもつことを、中学年では、美しいものや気高いものに感動する心をもつことを、高学年では、美しいものや気高いものに感動する心や人間の力を超えたものに対する畏敬の念をもつことについて指導します。

## 22　よりよく生きる喜び

よりよく生きようとする人間のよさを見いだし人間として生きることに喜びを感じることに関する内容項目です。高学年だけに位置付けられています。

よりよく生きようとする人間の強さや気高さを理解し、人間として生きる喜びを感じることについて指導します。

発達の段階によって、指導のポイントは異なりますが、指導に当たっては、学習指導要領や解説を基に、それぞれの内容項目について理解を深めておくことが大切です。

### (3) 内容項目に関わる指導のポイントを明確にする

年度当初には、解説を一読して、それぞれの内容項目について、特に大切にしたいことを明らかにしておくことが求められます。

例えば、A小学校の重点内容項目の一つが、Aの視点の「希望と勇気、努力と強い意志」であったとします。解説をみると、以下のような記述があります。

(1) 内容項目の概要

児童が一人の人間として自立しよりよく生きていくためには、常に自分自身を高めていこうとする意欲をもつことが大切である。そのためには、自分の目標をもってその達成に向けて粘り強く努力するとともに、やるべきことはしっかりとやり抜く忍耐力を養うことが求められる。

こうしたことは、ただ漫然と努力するのではなく、自分に適した目標を設定し、見通しをもってよりよい自己を実現しようとする向上心と結び付いてこそ、前向きな自己の生き方が自覚できるようになる。そのためにも、児童がより高い目標を立てたり、その実現を目指して自分としての夢や希望を掲げたりすることが大切である。自分の目標に向かって、勇気をもって困難や失敗を乗り越え、努力することができるようにすることが重要である。

そして、一二年生の担任であれば、低学年の指導の要点を確認します。解説の記述は以下の通りです。

(2) 指導の要点

〔第1学年及び第2学年〕

この段階においては、何事も好奇心をもって行おうとする。やらなければならないことを素直に受け入れることが多いと言われる。また、興味・関心のあることについては、意欲的に取り組むものの、好き嫌いで物事を判断し、つらいことや苦しいことがあるとくじけてしまう傾向がある。この時期のやらなければならないことには、家族や教師から言われたことが多いが、やるべきことをしっかり行うことは、自分自身を高めていく上で大切であり、児童が主体的に取り組んでいくようにする必要がある。

**指導に当たっては、自分のやるべき勉強や仕事にはどのようなものがあり、しっかり行うことの意義を自覚させる必要がある。また、家族や教師の励ましや賞賛、適切な助言などの下に、自分がやるべき勉強や仕事を、自分がやるべきこととしてしっかりと行うことができるよう指導することが大切である。やり遂げたときの喜びや充実感を味わい、努力した自分に気付くことができるように指導することが大切である。**

B先生は、これらを勘案して、「希望と勇気、努力と強い意志」の指導については、特に「自分がやるべきことをやり遂げたときの喜びや充実感を味わわせることを大切にしたい」と指導のポイントを明確にしました。この指導のポイントは、道徳科の授業だけではなく、各教科等における道徳教育の指導のポイントでもあるのです。

このように、それぞれの内容項目について、教師が特に大切にしたいことを明確にしておくことで、日常的に意図的な道徳教育が展開できるのです。

# 3　道徳科の指導上の配慮事項

## (1)　道徳科における教科書の使用の考え方

道徳の特別の教科化に当たって、教育水準の維持、向上を確保するために、検定教科書を導入することになりました。答申には、次のような記述があります。

**道徳教育の充実を図るためには、充実した教材が不可欠であり、「特別の教科 道徳」（仮称）の特性を踏まえ、教材として具備すべき要件に留意しつつ、民間発行者の創意工夫を生かすとともに、バランスのとれた多様な教科書を認めるという基本的な観点に立ち、中心となる教材として、検定教科書を導入することが適当である**

各教科のほとんどの教科では教科書を使用して授業を行います。道徳科も教科書を使用することになったことから、教科書とはどのようなものなのかを確認していきます。

## ① 教科書とは

教科書の需要供給の調整を図ったり、発行を迅速かつ確実にしたりして、適正な価格を維持しながら学校教育の目的を実現するためにつくられた「教科書の発行に関する臨時措置法」には、「教科書」について次のように示されています。

**小学校、中学校、義務教育学校、高等学校、中等教育学校及びこれらに準ずる学校において、教育課程の構成に応じて組織排列された教科の主たる教材として、教授の用に供せられる児童又は生徒用図書であつて、文部科学大臣の検定を経たもの又は文部科学省が著作の名義を有するもの**

学校教育法第三四条には、教科書の使用義務が次のように定められています。

**小学校においては、文部科学大臣の検定を経た教科用図書又は文部科学省が著作の名義を有する教科用図書を使用しなければならない。**

このことから、道徳科でも教科書を主たる教材として活用することになります。

## (2) 道徳科の年間指導計画

### ① 道徳科の年間指導計画とは

学校における道徳教育は、教育活動全体を通じて行います。各教科等で行う道徳教育は、道徳教育の全体計画に基づいて計画的に行うことが大原則ですが、子どもの日々の生活の中で見られる具体的な行動について対処的に指導を行うことも少なくありません。道徳科の指導は、学校の道徳教育の目標に向かって、教育活動全体を通じて行う道徳教育との関連を図りながら計画的・発展的に行うことが必要です。そのために欠かすことができないものが年間指導計画です。

年間指導計画とは、道徳科の指導が、道徳教育の全体計画に基づき、子どもの発達の段階に即して計画的、発展的に行われるように組織された全学年にわたる年間の指導計画です。年間指導計画を作成することで、学校の道徳教育の重点目標を目指して、一年生から六年生までの道徳科でどのような指導を、どのような順序で行えばよいかが明らかになります。このことから、年間にわたって、さらに、六年間を見通した重点的な指導が明確になり、計画的、発展的な指導が可能になります。

また、校内でそれぞれの学級担任がどのように道徳科の授業を行っているのかが明らかになります。そのため、例えば、学年の中で年間指導計画にしたがって行った授業について情報交換をすることが容易になり、授業改善が促されます。

### ② 年間指導計画の内容

年間指導計画は、道徳科の指導を着実に行うために、各学校で創意工夫をして作成するものですが、特に次の内容を明記しておくことが求められます。

#### ア 各学年の基本方針

全体計画の各学年の重点目標、道徳科の基本方針を基に、学年ごとの道徳科の基本方針を具体的に示します。

#### イ 指導の時期

学年ごとの道徳科の実施予定の時期を記載します。例えば、五月の第二週、六月の第三週などと示します。

ウ　主題名

道徳科の主題は、どのような道徳的価値をねらいとして、どのように教材を活用するのかを構想する指導のまとまりです。

エ　ねらい

ねらいとする道徳的価値や道徳性の諸様相を端的に表したものです。道徳科の目標は、道徳的諸価値についての理解の基に、自己を見つめ、物事を多面的・多角的に考え、自己の生き方についての考えを深める学習を通して、道徳的な判断力、心情、実践意欲及び態度を育てることです。したがって、道徳性の諸様相を養うことが分かるように記述することが大切です。

オ　教材名

道徳科では、前述のように教科書を主たる教材として使用します。したがって、教材名は教科書に掲載されている教材の名称を示すことになります。しかし、学校の重点内容項目と教科書の教材を勘案して、教科書以外の教材を活用することも考えられます。その場合は、それらの教材の出典を明記することが必要になります。

カ　主題構成の理由

ねらいに基づく指導を行うために、なぜこの教材を選定したのかを簡潔に示します。主題をつくることを「主題構成」と言います。主題は、ねらいとする道徳的価値と活用する教材によって構成され、主題構成とは、指導しようとする道徳的価値について、どのような教材を活用して授業を展開するのか、その方向性を明確にすることです。教材は教科書が中心になり、学習例が示されていることが考えられますが、学校として重点目標の達成に向けてどのような授業を行うのかを確認しておくとよいでしょう。

### キ　展開の大要

ねらいを踏まえて、教材をどのように活用し、どのような手順で学習を進めるのかを簡潔に記述します。この部分がないと学校としての共通実践ができなくなります。

この他にも、例えば、授業に至るまでの関連がある教育活動、年間指導計画の改善のための備考欄などを設けることも考えられます。

## ③　道徳科の年間指導計画の作成

道徳科の授業は、教科書を主たる教材として使用して行われるようになります。小学校で使用する教科書は、市区町村教育委員会などで採択されたものが域内の全ての学校で使用されることになります。

教科書を使用して道徳科の授業を行うに当たっては、どこの学校でも教科書を中心とした年間指導計画を作成しなければなりません。教科書会社は、自社の教科書に対応した年間指導計画例を作成して提示することが考えられますが、各学校がこのような年間指導計画をそのまま活用するということは難しいでしょう。それは、道徳教育の重点目標やそれに基づく重点内容項目は、学校によって違うからです。

例えば、小学校の第三学年及び第四学年では、二〇の内容項目を指導することになります。それに要する授業時数は、学校教育法施行規則の別表に示された標準授業時数の三五単位時間です。仮に各内容項目を一回ずつ指導したとすると、三五から二〇を引いた一五単位時間が余ります。その一五単位時間は、何を行うのでしょうか。それは、その学校が重点としている内容項目を繰り返し指導することになるのです。たとえ同じ市区町村など同じ採択地域内の学校であっても、学校によって重点内容項目が異なることから、教科書に加えて教材を用意することが必要になります。これは、各教科における教科と大きく異なることです。

前述の学校教育法第三四条の第二項には次のように示されています。

**2　前項の教科用図書以外の図書その他の教材で、有益適切なものは、これを使用することができる。**

また、学習指導要領を改正する基になった平成二六年一〇月の中央教育審議会の答申にも次のような記述があります。

**道徳教育の特性に鑑み、教科書だけでなく、多様な教材が活用されることが重要であり、国や地方公共団体は、教材の充実のための支援に努める必要があること。**

このように学校の道徳教育の重点目標の達成を目指す道徳科の授業においては、他教科と違って少なからず教科書以外の教材を用意することが求められるのです。

### (3) 教科書以外の教材の活用

学校の重点内容項目を指導する上で、教科書に加えて様々な教材を活用しようとする場合、どこに教材を求めたらよいでしょうか。およそ、以下のものが挙げられます。

#### ① 文部科学省が作成した『私たちの道徳』を活用する

子どもたちに検定教科書を給付することで、『私たちの道徳』を配布することはなくなりますが、冊子自体は学校にはあることでしょう。また、文部科学省のホームページの道徳教育のページからもダウンロードできます。最新の『私たちの道徳』は、改正された学習指導要領に基づいていますので、学校の重点内容項目に適した教材がある可能性は大きいと思われます。ぜひとも『私たちの道徳』を活用したいものです。

#### ② 文部省資料、文部科学省資料を活用する

道徳授業が道徳の時間として設置された昭和三三（一九五八）年以来、文部科学省（旧文部省も含めて）はたくさんの道徳資料集を作成してきました。例えば、『わたしたちの道徳』をはじめ多くの教科書に掲載されている低学年の定番の教材である「はしの

上のおおかみ」は、昭和三九（一九六四）年に作成された資料集に収録されたものです。また、「お月さまとコロ」は、昭和五二（一九七七）年に、「およげないりすさん」は昭和五五（一九八〇）年に作成された資料集に収録されています。

しかし、作成からかなりの年月が経過しているため、こうした資料集が学校にないことも考えられます。その場合は、市区町村、あるいは都道府県の教育センターや地域図書館などに問い合わせてみることが考えられます。

### ③ 都道府県、市区町村の教育委員会が作成した教材を活用する

道徳授業が教育課程に位置付いてから半世紀以上が経過しています。各教育委員会においても様々な道徳教育用教材が開発されています。教科書に加えて、このような教材を活用することが考えられます。子どもたちにとって身近な素材が教材化されているので、興味、関心をもって学習され、指導の効果が高まることが期待できます。

### ④ 学校独自で教材開発を行う

既存の教材だけでなく、学校独自で教材を開発することも考えられます。教材を開発

しようとする場合には、日頃からアンテナを高く張って、新聞やテレビなどの報道、あるいは書籍などで有効な素材を探すようにすることが求められます。素材探しの観点としては、学習指導要領などにも示されている生命の尊厳、自然、伝統と文化、先人の伝記、スポーツ、情報化への対応等の現代的な課題などが考えられます。道徳科で活用する教材の開発は容易ではありません。学校として組織的に開発を行い、多くの人々が精査するなどして、教材に磨きをかけていくことが大切です。また、実際の授業で活用しつつ修正を加えるなどして、よりよい教材になるように努めていきたいところです。

いずれにしても、独自の道徳教材を授業に活用する場合には、年間指導計画に位置付けて計画的、発展的な授業に資するようにすることが重要です。教科書以外の活用は、教師が勝手に行うものでありません。道徳教育推進教師を窓口にするなど、学校として適切な手続きで有効な教材を求めていくことがなによりも大切なことです。

なお、年間指導計画を作成する場合には、当然のことですが、当該学年の全ての内容をしっかりと指導できるように計画しなければなりません。例えば、学習指導要領に示されている第三学年及び第四学年の二〇の内容項目は、その全てを第三学年でも第四学年でも指導することが求められています。

## (4) 各教科等における道徳教育との関連を図る―補充、深化、統合―

道徳科は、学校の教育活動全体を通じて行う道徳教育の要としての役割を担っています。このことは、各教科、外国語活動、総合的な学習の時間及び特別活動における道徳教育としては取り扱う機会が十分でない内容項目に関わる指導を補ったり（補充）、子どもや学校の実態等を踏まえて指導をより一層深めたり（深化）、様々な機会に行った一定の道徳的価値についての指導をまとまりをもたせて指導したり（統合）することを意味しています。

今次の学習指導要領の改訂では、道徳科の目標から「補充、深化、統合」という文言が除かれました。これは、「補充、深化、統合」自体が目標ではないためです。しかし、学校の教育活動全体を通じて行う道徳教育と道徳科の関連の柱は「補充、深化、統合」であることは、道徳教育における不易と言えましょう。そこで、「補充、深化、統合」の意味を再確認することにします。なお、補充、深化、統合について考える際には、道徳教育の全体計画別葉を基にすると分かりやすいので、ある小学校の第五学年の全体計画別葉を基にします。

| 各教科 | | | | | | | | 総合的な学習の時間 | 月 |
|---|---|---|---|---|---|---|---|---|---|
| 図画工作 | 月 | 家庭 | 月 | 体育 | 月 | 外国語 | 月 | | |
| | | | | | | | | | |
| | | | | **心と体のつながり**<br>自分の状態を理解して明るく伸び伸びと生活する。 | 3月 | | | | |
| **ぐるぐるまきつける**<br>遊具などを活用した創作に際し後片付けをきちんとする。 | 4月 | **1日の生活を見つめよう**<br>1日を振り返り生活状況を見直す。<br>**身の回りの整理整とん**<br>生活を振り返り、工夫して整理整とんをする。 | 4月<br>6月 | **体ほぐしの運動**<br>心と体の関係を考え体の調子を整える。<br>**けがの防止**<br>生活を振り返り安全に留意できるようにする。 | 4月<br>5月 | | | | |
| **なぜか好きやっぱり好き**<br>自分自身を見つめてよさを生かして絵などに表す。 | 5月 | | | **自分を見つめよう**<br>心の健康を保つために自分自身を見つめる。 | 10月 | **自己紹介**<br>自分の特徴を見つめ、自分らしく自己紹介する。 | 2月 | **学習成果を発表しよう**<br>自分の学習を振り返り、自分らしい方法で発表する。 | 2月 |
| | | | | **鉄棒運動**<br>自分の目標を決めて繰り返し練習する。 | 5月 | | | **学習成果を発表しよう**<br>目標をもって粘り強く発表の準備をし、発表による成就感を味わう。 | 2月 |
| | | **布で作ってみよう**<br>自分の生活を見つめて役立つものを工夫して布で制作する。 | 9月 | **表現運動**<br>自分の課題の解決に向けて練習や発表を工夫する。 | 9月 | | | **川の探検**<br>川の汚染と再生について、具体的な根拠をもって探究しようとする意欲を高める。 | 6月 |
| | | | | | | **買物**<br>相手の気持ちを考えながら相手の求めに応じる。 | 6月 | **やさしい町づくり**<br>高齢者や障害者への対応について調べ、思いやりの心を育てる。 | 11月 |
| | | | | | | | | **川の探検**<br>川の再生に尽くした人々について調べる中で感謝の念をもてるようにする。 | 6月 |
| | | | | | | **あいさつ**<br>あいさつのマナーを知り真心を込めてあいさつをする。 | 4月 | **やさしい町づくり**<br>福祉施設の訪問に際して、真心を込めた対応で取材しようとする意欲を高める。 | 11月 |
| **ぐるぐるまきつける**<br>友達同士協力して遊具などを活用した創作を行う | 4月 | **サラダづくり**<br>友達同士協力して計画を立て、助け合って野菜の調理をする。 | 5月 | | | | | | |
| **パチリいただき身の回り**<br>友達が表現した作品からその思いや願いを考える。 | 7月 | | | **表現運動**<br>互いのよさを認め合って練習や発表をする。 | 9月 | | | **やさしい町づくり**<br>自分たちと異なる立場について考え、ともに住みやすい町にしようとする意欲を高める。 | 11月 |
| | | | | **バスケットボール**<br>**サッカー**<br>ルールを守って助け合って運動する。 | 6月<br>11月 | | | **やさしい町づくり**<br>地域での調査、取材活動を公徳をもって行おうとする意欲を高める。 | 11月 |
| | | | | **バスケットボール**<br>**サッカー**<br>勝敗に対して正しい態度がとれるようにする。 | 6月<br>11月 | | | | |
| | | **自分ができる仕事をふやそう**<br>家事の意義を知り、進んで働こうとする意欲を高める。 | 5月 | | | | | **やさしい町づくり**<br>福祉の仕事を調べる中で勤労を重んじようとする心情を養う。 | 11月 |
| **チャレンジ広場**<br>家族から昔からある手作りのものについて取材する。 | 3月 | **家族と協力して生活しよう**<br>家庭での仕事の仕方や家族の気持ちについて考える。 | 5月 | | | | | | |

## 表２　道徳教育全体計画別葉（第５学年の例）

| 内容項目 ＼ 教科・領域など | | 各教科 | | | | | | | | | |
|---|---|---|---|---|---|---|---|---|---|---|---|
| | | 国語 | 月 | 社会 | 月 | 算数 | 月 | 理科 | 月 | 音楽 | 月 |
| A | 善悪の判断、自律，自由と責任 | **事実と感想**<br>事実と感想、意見とを区別して書く。 | 6月 | **新聞社を見学しよう**<br>新聞などの産業と国民生活との関わりを理解する。 | | | | | | **音楽づくり**<br>即興的に表現しながら様々に発想する。 | |
| | 正直，誠実 | **大造じいさんとガン**<br>主人公のガンに対する姿勢から誠実さについて考える。 | 2月 | | | | | | | | |
| | 節度，節制 | | | **生活を取り巻く工業製品**<br>工業製品との関わりから自分たちの生活を見直す。 | 6月 | **がい数の計算**<br>買い物の代金の見当をつける活動を通して生活を振り返る。 | 10月 | **わたしの研究**<br>既習事項から自分の興味関心を生かして研究を進める。 | 7月 | | |
| | 個性の伸長 | **言葉の研究レポート**<br>自分らしさを生かして調べたことを整理して書く。 | 6月 | **工業新聞**<br>自分らしさを生かして調べたことを整理して新聞に書く。 | 9月 | **タングラム**<br>正方形や円を切り取った図形を組み合わせて自分らしい形をつくる。 | 9月 | | | | |
| | 希望と勇気，努力と強い意志 | | | | | **小数のかけ算とわり算**<br>小数の乗除について粘り強く習熟する。 | 5月 | **花から実へ**<br>ヘチマやアサガオの花粉のつくりを工夫して調べる。 | 7月 | | |
| | 真理の探究 | **工夫して発信しよう**<br>自分が伝えたいことを発信する上で工夫することの大切さを考える。 | 10月 | **まだいのさいばい漁業**<br>食料生産の維持，向上に尽くす人々の工夫に学ぶ。 | 5月 | **小数の歴史**<br>シモン・ステビンの工夫を学ぶ。 | 4月 | | | | |
| B | 親切，思いやり | **わらぐつの中の神様**<br>登場人物の優しさや心遣いに触れ、思いやりの心を考える | 9月 | **情報を発信しよう**<br>相手の立場にたって個人情報の大切さを考える | 12月 | | | | | **歌詞の表す気持ちを大切に**<br>歌詞に込められた思いを大切にしながら歌う。 | 2月 |
| | 感謝 | **お願いの手紙、お礼の手紙**<br>感謝の気持ちを込めて手紙を書く | 5月 | **米づくり農家の１年**<br>食糧生産に尽くす人々の苦労に触れ感謝の気持ちをもつ | 5月 | | | | | | |
| | 礼儀 | **敬語**<br>敬語の使い方を通して礼儀の大切さを考える | 4月 | **自動車工場をたずねて**<br>工場の人々に対する質問の仕方、接し方などを考える。 | 7月 | | | **もののとけかた**<br>友達同士協力して食塩の溶け方を調べる | 11月 | | |
| | 友情，信頼 | **新しい友達**<br>登場人物の心情を通して友情を育む。 | 4月 | | | **三角形の面積の求積**<br>友達と協力して求積の仕方を考える。 | 10月 | | | **ふしの重なり**<br>友達同士で歌声の響き合いを感じながら合唱する。 | 5月 |
| | 相互理解，寛容 | **「失敗」をめぐって**<br>目的に向かって話し合う中で互いの意見を尊重する。 | 1月 | | | | | | | | |
| | 規則の尊重 | **ごみ問題ってなあに**<br>教材文を通して公徳について考える。 | 9月 | **よみがえる水俣市**<br>水俣病を調べることを通して権利と義務を考える。 | 1月 | | | | | | |
| C | 公正，公平，社会正義 | | | | | | | | | | |
| | 勤労，公共の精神 | | | **消費者のもとへ運ばれる車**<br>部品を運ぶ人の話から働くことの大切さを考える。 | 7月 | | | | | | |
| | 家族愛、家庭生活の充実 | | | | | | | **人のたんじょう**<br>胎児の様子を考えることを通して家族への敬愛を深める。 | 7月 | **こいのぼり**<br>こいのぼりに託された子どもの成長を願う家族の思いを考える。 | 4月 |

## ① 補充

　学校における教育活動は、全てよりよい人格を形成するために学校教育法に示された義務教育の目標及び教育基本法に示されている教育の目標を達成するために行われるものです。各教科も道徳科も同様です。各教科等は教育の目標を達成するためにそれぞれ固有の目標があります。各教科等の目標に基づいてそれぞれに特質を生かした指導を行う中で、子どもたちは、様々な道徳的価値について考えたり、感じたりすることがあります。このような指導を教師が意図的に行うことが各教科等における道徳教育です。

　各教科等における道徳教育をどのように展開するかは、各学校で定めることです。そして、このことは、道徳教育の全体計画別葉に基づいて行われることが一般的です。しかし、これらの各教科等にはそれぞれ特質があり、それぞれの教育活動の中で、道徳科の内容の全てについて考える機会があるとは限りません。

　道徳科は、このように学校の様々な教育活動の中で考える機会を得られにくい道徳的価値についての指導を補充する役割があります。

　例えば、表2では、内容項目によって各教科等で行われている道徳教育の頻度が異なっています。A小学校の重点内容目は、「個性の伸長」と「友情、信頼」です。「個性の伸長」に関わる各教科等における道徳教育は、国語科では「言葉の研究レポート」、社会科では「工業新聞づくり」、算数科では「タングラム」など多くの機会で行われています。一方、「正直、誠実」に関わる道徳教育は、日常の生徒指導としては行っていることは考えられますが、各教科等における指導の機会は少ないことが分かります。

そこで、一時間の道徳科の授業において、誠実に、明るい心で生活することについて自分との関わりで考えられるように補充するのです。

### ② 深化

次に、深化についてです。子どもたちは学校生活において様々な体験をしています。そして、それらの体験の中で道徳的価値について考えたり、感じたりしていますが、一つ一つの道徳的価値について必ずしもじっくりと考え、自分の考え方、感じ方を深めているとは限りません。そこで、道徳科では、各教科等で行った道徳教育について、さらに道徳的価値についてそのよさや意義、困難さ、多様さなどについての考え方、感じ方を深化させる役割を担っているのです。

例えば、表2では、学校の重点内容項目が「個性の伸長」で、各教科等においては多様に道徳教育を展開しています。しかし、より「個性の伸長」について子どもたちに自分の特徴を知って、短所を改め長所を伸ばすことのよさについて多面的・多角的に考えさせたい、考え方、感じ方を深めさせたいと考えた場合には、各教科等にはそれぞれの特質があることから、道徳科の授業においてそのことをしっかりと行うようにします。

このように、道徳科は各教科等で行う道徳教育を深化するという重要な役割があるのです。

### ③ 統合

続いて、統合です。子どもたちは、各教科等における道徳教育によって道徳的価値について多様に考えたり、感じたりしています。しかし、そうした道徳的価値に対する考え方、感じ方をそのとき、そのときの学びと受け止め、自己との関わりで全体的なつながりなどを考えないままに過ごしてしまうことがあります。道徳科は、様々な機会に行った道徳的価値に関わる体験やそのときの考え方、感じ方を統合して、子どもたちに新たな考え方、感じ方を生み出すようにするという役割もあります。

例えば、表2では「礼儀」に関わる各教科等の道徳教育として、国語科では「敬語」

の学習で敬語の使い方を通して礼儀の大切さを考え、社会科では「自動車工場をたずねて」の学習で工場の人々に対する質問の仕方、接し方などを考えます。また、外国語科では「挨拶」に関わる学習で挨拶のマナーを知り、真心を込めて挨拶をすることについて体得します。これらは、いずれも相手に対する真心に基づく礼儀なのですが、子どもたちがこれらのつながりや全体としてのまとまりを捉えきれていない場合には、道徳科の授業でこれまでの自分の体験などを全体的なつながりで考えられるようにするのです。これが統合ということです。

**図７　補充、深化、統合**

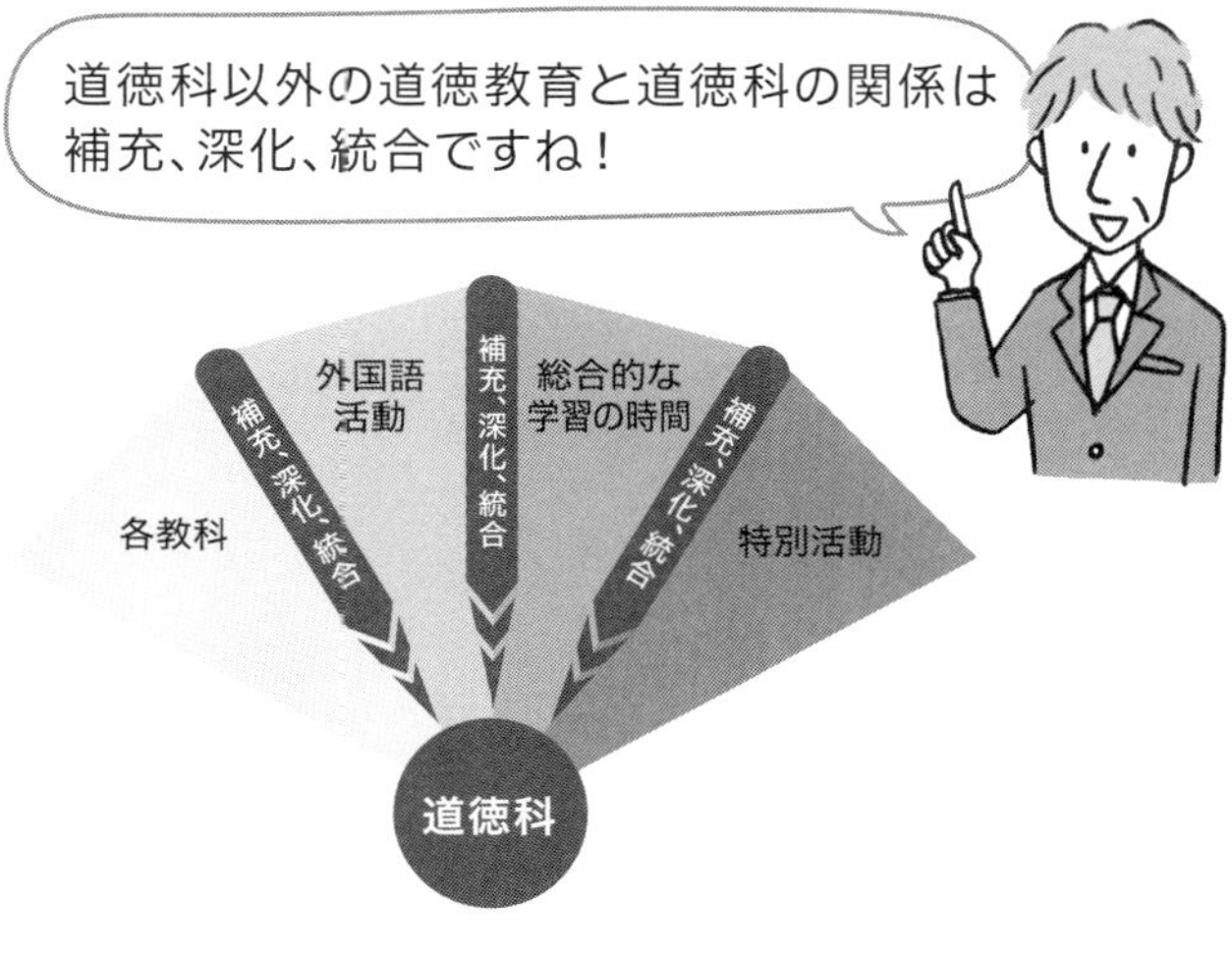

一時間の道徳科で、日頃の道徳教育の補充、深化、統合の全てを行うということではありません。この授業では、家族との関わりについて補う（補充）、次の時間は友達との関わりについて深めさせる（深化）、また次の時間は、働くということについて全体として考えられるようにする（統合）などというように、教師が意図的、計画的に指導することが大切になるのです（図７）。

# 第4章

# 「考え、議論する道徳」に向けた授業改善

# 1 「考え、議論する道徳」に向けた授業改善

## (1) 道徳授業に求められたこと

### ① 道徳授業の量的な課題

道徳の特別の教科化とは、道徳の時間を新たな枠組みによって教科化したということです。これまでも述べたように、道徳の時間の授業は、学校によって、あるいは教師によって指導の状況に差があることが懇談会や答申にも示されています。

この指導の差とは、量的な差と質的な差があります。文部科学省はこれまで、道徳教育推進状況調査を行ってきました。平成二四年度の調査によると、全国の道徳の時間の実施状況は、小学校三六単位時間、中学校三五単位時間となっていました。この結果からすれば、全国どこの学校でも、量的には授業が確保できていることになります。

しかし、次のような状況に出合うと、この結果に懸念をもたざるを得ません。

ある学校に訪問して、校長室で校長先生とお話をしていたときのことです。この学校は、校長室と職員室が隣接しており、校長室にいても職員室の様子がうかがえました。

チャイムが鳴って、先生たちが職員室に戻ってきました。すると、ある先生の言葉に耳を疑ってしまいました。それは、「やあ、今日、久しぶりに道徳をやったら、子どもたちの発言が少なくてまいったよ。」という言葉です。

また、ある学校の先生と話していたときに、信じられない話を聞きました。それは、「うちの学校は、一学期は道徳の授業はしないんですよ。一学期は、人権教育をして、二学期に道徳の授業をします。」という話です。

全国の学校では、一時間一時間の道徳授業を大切にしているのでしょうか。道徳授業の量的な確保は喫緊の課題であり、週一時間の道徳授業の実施は、道徳の教科化によって確実に解決してほしいことです。特別の教科化によって、子どもたち一人一人に検定教科書が給与され、全国どこの学校でも子どもたちの手元に教科書が行き渡ることで、授業の量的な改善が実現されることを大いに期待したいところです。

### ② 道徳授業の質的な課題

次に、質的な課題です。このことについては、答申でも触れられています。具体的には、読み物の登場人物の心情理解のみに偏った形式的な指導が行われる例があることや、子どもたちに望ましいと思われる分かりきったことを言わせたり書かせたりする授業になっている例があることなどです。

前者は、いわゆる「読み取りの授業」です。道徳授業は、昭和三三年に学習指導要領に位置付けられて以来、一人一人の子どもが道徳的諸価値を自分自身の問題として受け止め、自分事として考え、理解し、将来出合うであろう様々な場面、状況においても、道徳的価値を実現するための適切な行為を選択して実践できるようにするための内面的資質を養うことを目指して行われる教育活動です。道徳的価値を自分自身の問題として考える道徳授業においては、子どもが常に自分事として思考することが不可欠です。

したがって、読み物教材の文脈に沿って登場人物の気持ちを読み取ることに終始した授業は、道徳科の特質を生かした授業とは言えません。

### ③ 子どもの現実の問題を教材とすることについて

道徳科で養う道徳性は、人間としての本来的な在り方やよりよい生き方を目指して行われる道徳的行為を可能にする人格的特性であり、人格の基盤をなすものです。これが内面的資質として道徳的実践を支えるのです。道徳性を養う道徳科の学習は、単なる生活経験の話合いではありませんし、個々の道徳的行為や日常生活の問題処理でもありません。ましてや行為の仕方そのものの指導ではないのです。

道徳の特別の教科化の過程で、「道徳授業においては、読み物教材を使わずに、子どもたちの現実の問題を取り上げて、その状況におけるベターな対応を考えさせてはどうか」といった意見が聞かれました。こうした考え方の背景には、直近の子どもの行動変容を目的とした授業を行おうとする意図が見え隠れします。道徳科が子どもたちの今後の行動選択に生きて働く内面的資質である道徳性を養う教育活動であるとすれば、子どもの現実問題を基に行動変容をねらうような授業は適切とは言えないでしょう。道徳科の授業は、処世術を学ぶ授業ではないのです。

### ④ なぜ、道徳科の授業で読み物教材を使うのか

道徳科で行う大切な学習は、道徳的価値の理解を基に自己を見つめ、物事を多面的・多角的に考え、自己の生き方についての考えを深めるといった道徳的価値の自覚を深めることです。道徳的価値の自覚を深めるためには、子どもが自分との関わりで道徳的価値について理解すること、つまり、価値理解、人間理解、他者理解をすることが求めら

れるのです。

道徳的価値が大切であるとか、その実現は容易ではないとか、あるいは実現に向けて様々な考え方、感じ方があるということを、子どもたちが自分事として考える場合、一人一人の子どもが自分自身の体験やそれに伴う考え方、感じ方を基に考えられるようにすることが必要です。しかし、例えば、三〇人の学級であれば、道徳的価値に関わる子どもたちの体験は、三〇通りあります。また、それらの体験に関わる考え方、感じ方も多様です。これらを四五分の授業の中で取り上げて学習を展開することは容易ではありません。

そこで、子どもたちが道徳的価値について多面的・多角的に考え、学び合って自己の生き方についての考えを深められるような共通の素材が必要になります。特に、授業の特質である集団思考を促すためには、一時間のねらいとする道徳的価値に関わる事象が含まれている共通の素材としての教材を活用するのです。道徳科の授業では、子どもたちが教材に含まれるねらいとする道徳的価値に関わる事象について、自分事として考えるようにすることが大切なのです。

## (2) 道徳科における授業改善の基本的な考え方

答申においては、道徳授業の課題として道徳の時間の特質を生かした授業が行われていない場合があることが挙げられ、読み物の登場人物の心情理解のみに偏った形式的な指導が行われる例があることや、発達の段階などを十分に踏まえず、子どもに望ましいと思われる分かりきったことを言わせたり書かせたりする授業になっているなど多くの課題が指摘されたことは既に述べたところです。

また、学習指導要領改正に際して授業については、答えが一つではない道徳的な課題を一人一人の子どもが自分自身の問題と捉え、向き合う「考える道徳」「議論する道徳」へと転換を図ることが示されています。この「転換を図る」とはどのようなことでしょうか。また、「考える道徳」の目的は何でしょうか。

それは、道徳科の目標に示されている学習を確かなものにするためです。つまり、道徳的価値を理解するため、自己を見つめるため、物事を多面的・多角的に考えるため、自己の生き方についての考えを深めるためということです。

これらの学習の対象となるものは、ねらいとする一定の道徳的価値です。その道徳的価値を自分事として考えるということは、道徳的価値に関わる自分の考え方、感じ方を明らかにするということです。「考える道徳」の対象は、ねらいとする道徳的価値に関わる考え方、感じ方であり、子どもの言葉で言えば「自分は親切についてどのような考え方、感じ方をしていただろうか」と考えることです。

「議論する」とは、どのようなことでしょうか。「議論」とは、それぞれの考えを述べて論じ合うことです。「論じる」とは筋道を立ててよく分かるように述べることです。「議論する」こととは、互いの意見を戦わせるとする捉え方もありますが、これは討論です。議論を戦わせることが討論であり、これは議論の一つの形態に過ぎません。「議論」とは、ある問題について互いの考えを述べ合うことであり、述べ合うことにより多様な考え方や感じ方に出合って自分の考え方、感じ方を深めることと言えるでしょう。小学校の発達の段階から言えば、「話し合う」と言うことです。

道徳的価値に関わる自分の考え方、感じ方はどのようなものかを考え、それを明らかにした上で話合いをします。自分の考え方、感じ方を友達に伝える、そして、友達の考え方、感じ方を聞く、その上で、友達のよさや自分のよさを考える、互いの相違を考えることなどを通して、自分の考え方、感じ方を再確認したり、よさを見付けたり、課題や目標を見いだしたりする深い学びにつながっていきます。

子どもが多様な教材を通して道徳的価値に関わる諸事象を自分自身の問題と受け止め、それを自分事として考え、自分の考え方、感じ方を明らかにするような主体的な学び、そして、友達や教師などとの話合いを通して、自分の考え方や感じ方を多面的・多角的に考える対話的な学びが、自己の生き方についての考えを深める学び、つまり、深い学びになるのです。このことは、これまでも道徳授業の特質を生かした授業の中で見られた学習です。

「道徳の時間から道徳科になったことで、授業をどのように変えることが必要なのでしょうか。」という質問を受けることがあります。そのような場合、私は次のように問い返します。

「あなたは、今までどのような道徳授業をしていましたか。」

ある先生は、

「私は、今まで、読み物教材を使って子どもたちに登場人物の気持ちを考えさせていました。」と答えます。

それに対して、私は次のように答えます。

「それでは大きく授業を転換する必要がありますね。道徳授業は、登場人物の気持ちを考える授業ではありませんからね。」

また、ある先生は、これまでの授業について、次のように話しました。

「私は、今まで読み物教材を活用していましたが、子どもたち一人一人が登場人物と自分自身を重ね合わせて、道徳的価値のよさや難しさを考えさせ、話合いを通して深めていました。」と答えます。

それに対して、私は、

「そのような授業がより充実するように一層の工夫をされることを期待します。」

と答えます。これまでも、考え、議論する道徳授業は行われていました。つまり、「考え、議論する道徳」という表現は、全く新しいことではないのです。むしろ、「考え、議論する道徳」とは、道徳的価値の自覚を深めるといった道徳授業の特質を学習という視点で捉え直した表現であると言えそうです。これまでも、道徳授業の特質を理解し、子どもたちが道徳的価値の自覚を深められるように工夫した「考え、議論する道徳」は展開されていました。しかし、残念ながらそれに比べるとはるかに多い「読み取り道徳」や「押し付け道徳」といった授業があったことも事実なのです。

つまり、「考え、議論する道徳」への転換を図ることは、現在の授業を一律にこれまでと異なる方向に変えるということではありません。一人一人の教師が、これまでの自分自身の授業を振り返り、道徳的価値の理解を基に自己を見つめ、物事を多面的・多角的に考え、自己の生き方についての考えを深めるといった道徳的価値の自覚を深める授業を展開できていたのか、子どもたちが道徳的価値を自分事として考え、話合いなどを通してその考えを深めていたかを確認することが大切です。その上で、改善すべき課題を明確にして授業改善を図ることが期待されているのです。

### ⑶ 指導観を明確にした授業構想

「考え、議論する道徳」を実現するためには、教師が道徳科の内容項目についての理解を深めることが求められます。そして、九七ページでも述べたように、それぞれの内容項目について特に大切にしたいことを明らかにします。例えば、「個性の伸長」であれば、積極的に自分の長所を伸ばし、短所を改めることが求められますが、自分は特に長所と思われる特徴をよい方向へ伸ばし続けることを大切にしよう、または、「努力と強い意志」では、自分の目標をもって、勤勉に、くじけず努力し、自分の向上を図ることが大切ですが、自分は特にあきらめずに粘り強くやり抜くことを重視しようというように、道徳的価値に関わる教師の価値観を明確にするのです。

これらの価値観は、道徳授業だけでなく、日頃行っている各教科等における道徳教育の基本的な考え方になります。こうした指導の結果として、子どもたちにはよさが見られるようになります。一方、課題も明らかになります。こうしたよさや課題を勘案して子どもたちにさらに考えさせたいこと、学ばせたいことを導き出します。これが、授業における当該の内容項目の指導の中心になっていきます。この観点で教材をどのように活用するかを構想するのです。

子どものよさや課題を明らかにして、授業で何を考えさせたいのか、その方針を焦点化する「明確な指導観」を確立することが何よりも重要です。指導観とは、これまでも述べたように、次の三つ要素から成り立っています。これらの事柄は、学習指導案において「主題設定の理由」として示されることが一般的です。このことについて、もう少し詳しく述べることにします。

## ① 授業者の価値観（ねらいとする道徳的価値について）

授業者の価値観は、ねらいや指導内容についての授業者の捉え方であり、当該の内容項目について特に大切にしたいことを「ねらいとする道徳的価値について」としてまとめたものです。

道徳教育が学校の教育活動全体を通じて行われるものであることから、一時間のねらいとする道徳的価値に関わる指導は、本時の授業だけではなく、各教科等、様々な機会に指導していることになります。それらの指導は、子どもたちの状況に応じて突発的に行うこともありますが、道徳教育の全体計画別葉によって計画的に指導することが基本となります。その際に、授業者の当該の内容項目、あるいはそこに内在する道徳的価値についての考え方が、一単位時間の授業展開の基盤となるのです。授業研究などの学習指導案にはこのことを明示することが大切です。

具体的には、礼儀に関わる授業の学習指導案の「ねらいとする道徳的価値について」の箇所に、「…よい人間関係を築くには、まず、気持ちのよい応対ができなければならない。それは、さらに真心をもった態度と時と場をわきまえた態度へと深めていく必要がある。」などの記述があれば、これが本時のねらいとする道徳的価値に対する授業者の基本的な考え方であると同時に、授業以外で礼儀に関わる指導を行う際の考え方でもあるということが分かるのです。

### ② 子ども観（子どもの実態について）

これは、授業者の価値観に関連する子どものこれまでの学習状況や実態、授業者の願いなどを「子どもの実態について」としてまとめたものです。授業者が当該の内容項目について特に大切にしたいことを基に、これまで教育活動全体を通じてどのような指導を行ってきたのか、その結果として子どもにどのようなよさや課題が見られるのかを明らかにします。

このねらいとする道徳的価値を視点とした子どものよさや課題を把握することが、ねらいとする道徳的価値に関わってさらに考えさせたいこと、学ばせたいことの明確化につながるのです。

これが、子ども観（小学校では児童観、中学校では生徒観）であり、授業の中心的な学習を支えることになります。つまり、中心的な発問や問題解決的な学習の問題などの基盤になるということです。

## ③　教材観（教材について）

これは、使用する教材の特質やそれを生かす具体的な活用方法などをまとめたものです。

一時間の授業で教材をどのように活用するのかは、年間指導計画における展開の大要などに示されているところですが、授業者のねらいとする道徳的価値に関わる考え方（価値観）や子どものねらいとする道徳的価値に関わるこれまでの学びと、その結果としてのよさや課題、そこから導き出された考えさせたいこと、学ばせたいこと（子ども観）を、教材を活用してどのように具現化するのかを明確にします。この授業で子どもに考えさせたいこと、学ばせたいことを基に、教材活用の方向性を再確認することが大切です。このことは、授業における学習展開に直結することになります。

この考え方で授業構想をまとめたものが、図8です。

明確な指導観に基づく授業構想について、第二学年の「個性の伸長」を基に例示することにします。

授業者は、「個性の伸長」についての特に次のようなことを大切にしようと考えました。

褒められてうれしかったことが自分の長所につながることに気付いて、それを伸ばそうとする意欲を高めたい。

これが「個性の伸長」に関わる授業者の価値観です。この授業者は、この考え方で国語科の作文の指導で、子どもたちの書く題材を選んだ着眼点のよさ、文章表現の豊かさを認めたり、算数科のおいて前向きに問題解決に努める子どものたちの姿を価値付けたりすることに尽力しました。生活科における友達同士の学び合い、特別活動の学級活動における係活動での自発性などを認め励ましました。

こうした教育活動全体を通じて、「個性の伸長」に関わる指導を積み重ねた結果、子どもたちには次のようなよさや課題があることを把握できました。

**よさ**：褒められたり認められたりしたことで、自分のよさに気付けるようになっている。

**課題**：自分のよさを伸ばそうとすることがまだ難しい。

## 図８　授業構想の基本的な考え方

**授業者の価値観**

**褒められてうれしかったことが自分の長所につながることに気付いて、それを伸ばそうとする意欲を高めたい**

↓

この視点で国語科、算数科、生活科、特別活動などで
個性伸長に関わる指導を行う

↓

**児童観**

**その結果子どもは**

- よさ　褒められたり認められたりしたことで自分のよさに気付けるようになっている
- 課題　自分のよさを伸ばそうとすることがまだ難しい

**実態から求められること**　**自分のよさを積極的に伸ばそうとする意欲を高めたい**

↓

**自分のよさを積極的に伸ばそうとする意欲を高めたい**

**実態からどのように教材を活用するか**

↓

**教材観**

**まんがかすき**　**町子が母の励ましを受けたときの思いを深く考えることで、自分のよさを伸ばそうとする意欲を高めたい**

↓

**指導の工夫**　**道徳的行為に関わる体験的な学習**

↓

自分のよさに
気付いたときの気持ちを
想像させたい

**中心発問**

お母さんの
励ましの言葉を聞いて、
町子はどんなことを
考えたでしょうか

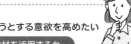

授業者は、これらのことから、子どもたちに、自分のよさを積極的に伸ばそうとする意欲を高めることが必要であるということを導き出しました。これが、児童観です。

児童観を基に、教材を吟味しました。活用する教材は、文部科学省で作成した『わたしたちの道徳』に掲載されている「まんががすき　―長谷川町子―」です。授業者は、子どもたちに自分のよさを積極的に伸ばそうとする意欲を高めるために、漫画を描くことにいき詰まってしまった町子が、母から励まされたときの気持ちを子どもたちに自分事として考えさせることで、自分の長所を積極的に伸ばそうとするよさを考えさせようと思いました。これが、授業の中心となる学習です。これを基に、一時間の授業を構想しました。授業における中心的な発問は、「お母さんの励ましの言葉を聞いて、町子はどんなことを考えたでしょうか」ということです（図８）。

道徳科の授業構想は、授業者がこの時間に子どもたちに何を考えさせたいのかが明確になったときに、すでにおおかた出来上がったと言ってよいでしょう。明確な指導観は、授業の骨格と言えます。指導観が明確になることで、筋の通ったぶれない授業を構想することができるのです。

# 第5章

# 道徳科における
# 主体的・対話的で深い学び

子どもたちが人間としてよりよく生きるために、道徳的諸価値についての理解を深め、将来出合うであろう様々な場面、状況において何が正しいのか、この状況で行うべきことは何か、自分ができることは何かを考えられるようにすることが大切です。そのことが、道徳的価値を実現するために主体的に行為を選択し、実践しようとする資質・能力を身に付けていくことにつながります。

そのために、道徳的価値の自覚を深める過程で、子どもたちが、道徳的価値を自分事として主体的に学ぶことの意味と道徳的価値に関わる自分の考え方や感じ方を結び付けたり、様々な対話を通じて多様な考え方、感じ方に出合って考えを深めたり広げたりすることが重要になるのです。

また、深めたり広げたりした道徳的価値に関わる考え方や感じ方を基に、自己の生き方についての考えを深めようとする学びの深まりも重要になります。子どもたちは、このように、主体的、対話的に、深く学んでいくことによって、道徳的価値を自分の人生や他者あるいは、社会との関わりに結び付けて深く理解したり、自立した人間として他者と共によりよく生きるための基盤となる道徳性を自ら養ったりすることができるようになるのです。

# 1　道徳科における「主体的な学び」とは

授業とは、知識や技能などの学問を授けることと言われています。授業を構想する際には、どのような知識や技能などをどのように学ばせるのかを明確にすることが求められます。授業は、授業者である教師が主となって指導するものです。授業者である教師が、学習者である子どもたちに考えさせることや身に付けさせることを明確にして授業を構想しなければなりません。

授業を主導するのは教師ですが、授業の中で行われる学習は子どもが主体的に行うことが求められます。子どもの主体性のない学びは、子どもが知識や技能などを獲得する必然性を感じられなかったり、十分な切実感をもてなかったりするために、学習効果が得られにくい状況に陥ってしまうからです。子どもは教師が設定した問題を自分の問題として切実感をもって捉え、その追究や解決を必然性をもって行うことによって、知識や技能などを効果的に獲得することが期待できるのです。

道徳科の授業では、子どもが学習対象としての道徳的価値を自分との関わりで理解し、道徳的価値を視点に自己を見つめ、自己の生き方についての考えを深めることで、道徳性を養うことが求められます。道徳科における主体的な学びとは、子どもが自分自身と向き合い、道徳的価値やそれに関わる諸事象を自分事として考えることと言うことができます。

## 2　道徳科における「対話的な学び」とは

道徳的価値の理解とは、道徳的価値やそれを実現することのよさや難しさ、それに関わる多様な考え方、感じ方を理解することです。こうした理解を観念的ではなく、自分との関わりで実感を伴って行うことが重要です。

例えば、相手の立場や気持ちを考えて親切にすることのよさを理解するためには、子ども自身が親切という道徳的価値についての価値観、つまり親切についてどのような考え方、感じ方をしているのかを認識することが求められます。親切の意義やよさの受け止め方は、子どものこれまでの経験によって多様です。

ある子どもは、自分が親切にされたときの温かさ、うれしさから親切のよさを認識していることが考えられます。また、ある子どもは、自分が電車に乗っていたときに高齢者に席を譲ったことで謝意を受けた喜びから親切のよさを認識していることも考えられます。

親切のよさや意義を理解するためには、まずもって親切という道徳的価値が自分と関わりがあるという認識をもつことが重要になります。このことが自分の意志で親切について考えようとする主体的な学びの基盤になるのです。そして、自分自身の道徳的価値に対する考え方、感じ方を吟味して、道徳的価値のよさや意義についての考えや自分自身の思いや課題を広げたり深めたりすることで、自己の生き方を深めるようにすることが求められます。

また、道徳的価値に対する考え方、感じ方を吟味する際には、道徳的価値やそれを含んだ事象を一面的に捉えるのではなく、多面的・多角的に考えることが大切です。つまり、自分の考え方、感じ方の他にも、多様な感じ方、考え方があることを知り、それらと自分の考え方、感じ方を比較したり、検討したりすることによって、道徳的価値についての自分の考え方、感じ方のよさや課題を把握することができるのです。そして、このことが人間としての生き方についての考えを深めることにつながるとともに、よりよく生きようとする意欲や態度を形成することになります。

このような深い学びに必要なことは、多様な考え方、感じ方に出合うことであり、そのためにも対話的な学びが必要になるのです。

### (1) 道徳科における対話的な学びの実際

道徳科においては、子どもが多様な考え方、感じ方に接する中で、自らの考えを深め、判断し、表現する力などを育むことができるよう、道徳的価値に関わる自分の考え方、感じ方を基に話し合ったり書いたりするなどの言語活動を充実することが求められています。

対話とは、互いに向かい合って話し合うことで、二人で行う会話を指す場合に用いられることが多いのですが、複数の人物間の思考の交流やそれによって問題を追究していく形式といった考え方もあります。

道徳科の授業においては、先述の通り、道徳的価値の自覚を深めるために多様な考え方、感じ方に出合うことが肝要であり、それらと自分自身の考え方、感じ方との交流を図ることが不可欠となります。

道徳の特別の教科化を進めるに当たって、「考え、議論する道徳」の追求が掲げられましたが、道徳の時間でもそうであったように、道徳科においてもまさに「議論」することが大切なのです。「議論」については、一二六ページでも述べたように互いに意見を戦わせるとする捉え方もありますが、これは討論であり、議論の一つの形態に過ぎません。「議論」とは、ある問題について互いの考えを述べ合うことであり、多様な考え方や感じ方に出合って自分の考え方、感じ方を深めることなのです。

### (2) 対話の対象

次に、対話的な学びにおける対話の対象について考えてみたいと思います。授業の重要な特質は子ども同士が学び合う集団思考を行うことです。子どもが対話的な学びをどのようにするかと言えば、それは子ども同士、あるいは子どもと教師で行うことが基本です。

一方、道徳科では、指導の意図に応じて授業において家庭や地域の人々、または各分野の専門家などの積極的な参加や協力を得ることが求められています。いわゆるゲストティーチャーが参加する授業が行われることも少なくありません。この場合は、子どもとゲストティーチャーとの対話ということも考えられます。

さらに、道徳的価値の自覚を深めるために活用する教材に登場する偉人や先人などの人物との対話も考えられます。子どもがそれらの人物と向き合い、自分の思いを問いかけます。当然ながら、それらの人物からの答えはありません。しかし、子どもは自分の問いかけに対して、偉人や先人はどのように答えるだろうかと考え、その答えを想像するのです。形の上では子どもの自問自答ということになりますが、それらの人物に真剣に向き合い、道徳的価値に関わる問題を追究しようとすることから、こうした学びも対話的な学びと捉えることができるでしょう。

## (3) 多様な話合いの工夫

議論には様々な形態があります。先述のように、意見を戦わせ可否得失を論じ合う討論という形があります。また、ある問題について二人で話し合う対談・ペアトーク、小集団で問題について話し合うグループトーク、多数で問題を考え合う集団討議などが挙げられます。これらは、学校教育における学習で活用する対話的な学びと言うことができるでしょう。

小学校の段階では、議論を多様な形態による話合いとして捉え、授業者の指導の意図に基づいて適宜活用することが期待されるのです。

### ① 話合いの特質

話合いは、昭和三三（一九五八）年に道徳授業として道徳の時間が学習指導要領に位置付けられて以来、重要な指導方法として指導書や解説に示されてきました。

道徳授業における話合いとは、一定の道徳的価値について子ども相互に話合いをさせることを中心とする指導の方法とされてきました。この指導方法は、話すことと聞くことが並行して行われるので、道徳的な問題を介して道徳的価値についての理解を深め、自他の考え方、感じ方を比較、検討する中で、自分の考え方、感じ方のよさや課題に気付くことができます。このことから、道徳的な思考を確かなものにする上で効果があるとされてきました。

話合いを展開していくときには、授業者の発問や助言が子どもの学習活動を方向付ける要因となります。そのため、道徳的価値に関わる子どもの実態を基に、子どもに考えさせるべきことを明確にするとともに、子どもの発達の段階や経験に即した用語や内容を考慮することが大切になります。子どもが何を考え、何を目指して話し合うのかが理解できるようにすることが必要です。したがって、教師の発問や助言が極めて重要になります。一人一人の子どもの発言を大切にし、問い返しなどを行うことにより子どもの考え方、感じ方を深めるようにすることが求められるのです。

また、話合いを深めていくためには、教師が、子どもの発言の根拠や背景を探っていくことが大切になりますが、子ども同士が互いに考えをよく聞き合い、授業でねらいとする道徳的価値を自分の問題として受け止め、これまでの自分の経験などを基に十分に考えた上で発言するように指導することも必要になります。

話合いに当たっては、授業者が子どもの実態などに基づいて、ねらいとする道徳的価値について何をどのように考えさせるのかを明確にして、読み物教材や視聴覚教材などの内容から話題を設定したり、日常生活の具体的な問題、社会生活における時事的な問題などの内容を話題としたりすることが考えられます。その際、それらの話題が学級の子どもの共通の話題となるようにすることが大切です。また、子どもが自分事として考えたくなるような事柄を取り上げるようにすることなどの配慮が求められます。

## ② 話合いの態様

話合いの態様は、授業者がどのような目的で話合いをさせたいのか、どのような内容について話し合わせたいのかによって異なります。

例えば、道徳的価値に関わる自分の考え方、感じ方を明確に表明し合い、互いの考え方、感じ方を比較させることにより、そのよさや課題を明確にさせようとする意図であれば、二人で話し合うペアトークを活用することが考えられるでしょう。また、道徳的価値に関わる複数の考え方、感じ方と自分の考え方、感じ方を比較、検討することで考えを深めようとする意図であれば、小集団によるグループトークが考えられます。あるいは、道徳的価値に関わる考え方、感じ方の多様性について考えさせようとする意図であったり、ひとつの問題を大勢で追究しようとする意図であったりする場合には、学級全体での話合いが適当ということになります。

このように、対話的な学びとして話合いを行う場合には、授業者の明確な指導観に基づく綿密な授業構想が不可欠になるのです。

### ③ 話合いを行う際の留意点

道徳科の授業においてどのような指導方法を工夫したとしても、学習においては教師と子ども、子ども相互の対話的な学びである話合いが行われるでしょう。話合いには決まった形があるということではありません。授業者が道徳的価値の理解を基に自己を見つめ、物事を多面的・多角的に考え、自己の生き方についての考えを深めるためにどのように話合いを行うことが必要なのか、つまり、明確な指導観をもつことが求められるのです。話合いを取り入れる際は、次のような事項に留意する必要があります。

#### ア 話合いの目的を明確にする

授業者は、子どもに何のために話合いをするのか、その目的を明確に示すことが大切です。子どもが道徳的価値に関わる諸事象を自分事として主体的に考えられるようにするためには、子ども自身が学習をすることへの切実感と学習に対する見通しをもてるようにすることが肝要です。

例えば「自分の考えしっかりと伝えるために、隣の友達と話し合ってみましょう」「自分の考えと友達の考えを比べるために、グループで話し合ってみましょう」などと対話的な学びの目的を明確に示すことで、子どもたちの学びはより深いものになっていくのです。

### イ　子どもの主体性を促す

授業者が特定の子どもとの対話を繰り返すことで、他の子どもが傍観者となってしまっている様子を見ることがあります。授業者と特定の子どもとの対話であっても、周囲の子どもがただそれを見ているだけ、あるいは、聞いているだけでよいというものではありません。もしも「自分が授業者と対話をしていたとすればどのように考えるだろうか」という意識をもって対話を見聞することが必要です。

授業者は「これから私はAさんと対話をします。みなさんはもし自分がAさんだったらどう答えるかを考えながら聞きましょう」などと指示を出すことが大切です。特定の子どもとの対話の後に、他の子どもからの意見や感想を取り上げるなどして対話的な学びを深めるようにしたいところです。

### ウ　話題を吟味し明確にする

話合いの話題は、教師が提示することが大切です。道徳科の授業において子どもに考えさせることは、指導内容や子どもの実態などを基に教師が決めるものです。このことは、教師の恣意的な指導を意味しているのではありません。子どもの実態を基にねらいとする道徳的価値についてどのように考えさせる必要があるのかを明確にしなければなりません。

授業というものは教師主導で行うものです。しかし、授業の中で行われる学習は子どもが主体でなければならないでしょう。道徳科の学習は、一人一人の子どもが道徳的価値についての考え方や感じ方を深めるなど、道徳的価値の自覚を深めることが求められるのです。自覚は他者からさせら

**話合いを行う際の留意点**

- 話合いの目的を明確にする
- 子どもの主体性を促す
- 話題を吟味し明確にする

れるものではなく、自分自身でするものです。子どもがねらいとする道徳的価値に関わる自分の考え方、感じ方を想起し、教師や友達などとの対話的な学びを通して、それらを深めていくことが重要です。

### ④ 話合いを適切に調整する

話合い自体が優れたものであって、本時のねらいとする道徳的価値から逸脱したものであっては、望ましいものとは言えません。授業者は、話合いの目的を子どもに明確に伝えるとともに、必要に応じて適切な助言を行い、話合いの方向性を修正するなど、対話的な学びを促すようにすることが大切です。

### ⑤ 個々の価値観を大切にする

道徳科における小集団による子ども相互の話合いで重要なことは、一致した結論に到達する合意形成を目指すものではなく、小集団という親密な関係の中で行われる対話的な学びを通して、一人一人の子どもが自分自身の考え方、感じ方をより深く確かなものとしていくということです。

以上、道徳科の基本的な考え方を基に、道徳科における対話的な学びについて述べました。子どもが他者とともによりよく生きることができるようにするためには、他者との考え方、感じ方の交流が大切であり、対話が重視されなければなりません。そのためには、他者の思いに寄り添い、それを尊重しようとする姿勢が求められます。道徳科における対話的な学びの根底には、こうした姿勢が不可欠です。道徳科の授業はもとより、日頃から子どもが他者を尊重し、温かな人間関係を構築できるように指導することが肝要と言えるでしょう。

## 3　道徳科における「深い学び」とは

子どもが自らの意志でねらいとする道徳的価値を視点に自分自身と向き合い、自分の考え方、感じ方を明らかにし、その上で、教師や友達などとの対話や協働を通して考え方、感じ方の多様性に気付いていくこと、道徳的価値やそれに関わる諸事象を多面的・多角的に考えることで自分自身の考え方、感じ方を深めていくことが、道徳的価値に関わる思いや課題を培うことにつながります。子ども自身が「自分はこうありたい、そのためにはこのような思いを大切にしたい、このような課題を解決したい」などの願いをもてるようにする学びが深い学びであると言えるでしょう。

主体的、対話的な学びを深い学びにつなげるためには、道徳科の目標に示されている通り、自己を見つめ、自己の生き方についての考えを深める学習を行うことが大切です。子どもたちは道徳的価値の理解を実感をもって行うことで自己を見つめたり、自己の生き方を考えたりする学習を行っていると言えます。このような学習をより確かなものにするためには、道徳的価値を視点に自分自身の具体的な経験やそれに伴う考え方、感じ方を想起し、道徳的価値に関わるよさや課題を把握することができるような学習を設定することが求められます。このことで一連の学習が深い学びにつながるのです。

道徳授業には、子どもたちに将来に生きて働く内面的な資質である道徳性を養うものです。そのためには、道徳的価値についての理解を基に、自己を見つめ、物事を多面的・多角的に考え、自己の生き方についての考えを深める学習を行う必要があるのです。

学習指導案を構想した際には、改めて学習指導過程の中にこうした学習が位置付いているか否かを確認することが求められます。また、子ども自身が考え方、感じ方を明確にし、今後の生き方につなげることができる学習になっているか否かを常に確かめながら授業改善を図ることが大切です。

# 第6章

# 道徳科の多様な展開

道徳科の学習では、道徳的諸価値の理解を基に自己を見つめ、物事を多面的・多角的に考え、自己の生き方についての考えを深めるといった道徳的価値の自覚を深めるために、多様な指導方法を工夫することが求められます。

問題解決的な学習や体験的な学習については、多様な方法を取り入れた指導の例として、学習指導要領に次のように示されています。

**第3 指導計画の作成と内容の取扱い 2**

**(5) 児童の発達の段階や特性等を考慮し、指導のねらいに即して、問題解決的な学習、道徳的行為に関する体験的な学習等を適切に取り入れるなど、指導方法を工夫すること。その際、それらの活動を通じて学んだ内容の意義などについて考えることができるようにすること。また、特別活動等における多様な実践活動や体験活動も道徳科の授業に生かすようにすること。**

道徳科の特質を生かした授業をする上で有効な場合には、問題解決的な学習や体験的な学習を積極的に活用しようということです。大切なことは、問題解決的な学習や体験的な学習自体が道徳科の目的ではないということです。

道徳科の目標は、道徳的な判断力、心情、実践意欲及び態度を育てることです。学習指導要領の記述で言えば、指導方法例の前後の「指導のねらいに即して」「適切に」が重要です。方法が目的化すると、授業の特質が損なわれます。このことは「言語活動の充実」が求められた際に、多くの学校で見られました。

問題解決的な学習や体験的な学習はこれまでも学習指導要領の総則に「体験的・問題解決的な学習及び自主的、自発的な学習の促進」として次のように示されていました。

**第1章　第4の2(2)**
**各教科等の指導に当たっては、体験的な学習や基礎的・基本的な知識及び技能を活用した問題解決的な学習を重視するとともに、児童の興味・関心を生かし、自主的、自発的な学習が促されるよう工夫すること。**

このようなことが求められる背景としては、変化の激しい社会において、生涯にわたる学習の基礎を培うために基礎的・基本的な知識・技能の確実な定着及びそれらを活用して課題を解決するための思考力・判断力・表現力等の育成を重視した教育を行うことが必要であり、子どもがこれらを支える知的好奇心や探究心をもって主体的に学習に取り組む態度を養うことは極めて重要であるということです。

そして、このような資質や能力を育成するためには、体験的な学習や基礎的・基本的な知識・技能を活用した問題解決的な学習を充実することが必要と考えられたのです。

## 1 登場人物への自我関与を中心とした学習の工夫

道徳科の学習では、子どもが将来、様々な問題場面に出合った際に、その状況に応じて自己の生き方を考え、主体的な判断に基づいて道徳的実践を行うことができるようにするための道徳的価値の理解が大切になります。道徳的価値の理解は、道徳的価値のよさや大切さを観念的に理解することではありません。子どもが道徳的価値を実感を伴って理解できるようにすることです。実感とは、子ども自身が実際に道徳的価値に接したときに受ける感じです。ですから、子ども自身が自分自身の問題として考えることが大切であり、道徳的価値やそれに関わる事象を自分事として考えることが重要なのです。

道徳の時間が設置されたときから、道徳授業におけるこうした考え方は変わっていません。道徳の教科化に際して、「道徳授業では、自分だったらと問うたらどうだろうか」という意見がありました。こうした意見は、残念ながら道徳授業の特質を理解した上での意見とは言えません。道徳授業での思考は、常に「自分だったら」ということが基本であるからです。

## (1) 道徳科で教材を活用する理由

道徳授業における教材活用は、一二三ページでも述べたところですが、再度整理することにします。

### ① 焦点化した集団思考を促す

道徳的価値が大切であるとか、その実現は容易ではないとか、あるいは実現に向けて様々な考え方、感じ方があるということを、子どもが自分との関わりで理解する場合には、一人一人の子ども自身の経験を基に考えさせることが極めて有効です。

しかし、例えば、学級に三〇人の子どもが在籍していれば、道徳的価値に関わる子どもの経験、具体的な行為は、少なくとも三〇通りあるということになります。そして、それらの一つ一つの経験には、それぞれ様々な考え方、感じ方に根差しているのです。

例えば、親切に関わる経験としては、「電車の中で高齢者に席を譲る」「バスの中で乳児を抱いた母親に席を譲る」「両手に荷物を持っている人のために扉を開ける」「忙しい母の手伝いをする」「目の不自由な人の道案内をする」など、子どもによって多様です。また、そうした親切な行為の背景も「ゆっくりしてほしい」「赤ちゃんが心配」「荷物が重そう」「忙しそう」「転んだら大変」など多様です。これらの経験やそのときの考え方や感じ方について、四五分の授業の中で一つ一つ取り上げて学習を展開することは容易ではありません。

そこで、子どもがねらいとする道徳的価値の理解を、自分との関わりで行い、多様に考えを深め、学び合えるような共通の素材を基に学習を展開するようにします。特に、授業の特質の集団思考を促すためには、一時間のねらいとする道徳的価値に関わる問題や状況が含まれている共通の素材として教材を活用することが有効なのです。

例えば、学級の子どもは「親切」に関わる多様な体験をしていますが、学級として「親切」について視点をもって考え、感じ、学び合うことで道徳的価値の自覚及び自己

## 図9　道徳科で教科を活用する理由

の生き方についての考えを深めるために、主人公が電車の中で高齢者に座席を譲ろうかどうか思い悩む内容の読み物教材「おじいさんの顔」（文部省『小学校　道徳の指導資料』児童作文）を活用するということです（図９）。

### ② 子どもたちが伸び伸びと考えられるようにする

読み物教材の登場人物に自我関与するということは、登場人物が置かれた状況で、「もしも自分だったらどうか」と自分事として考えるということです。

第一学年の節度、節制の実践例を基に考えていきます。授業のねらいは、次のとおりです。

**ねらい**

**わがままをしないで、規則正しい生活をしようとする態度を育てる。**

授業者は、子どもたちが人の注意を素直に聞き、わがままを抑えることの大切さに気付かせ、自分も周りの人も互いに気持ちよく過ごせるようにしたいと考えています。これが授業者の価値観です。そして、日頃の道徳教育の結果、子どもたちは様々な場面で自分の欲求をかなり押さえることができるようになってきました。しかし、ともすると低学年の特徴でもある自己中心的な考えでわがままに振る舞って失敗してしまうことがあります。このような実態から、授業者は、わがままをして失敗したときの考え方、感じ方を想起しながら、周りからの注意を素直に受け入れ、節度ある生活をしようとする態度を育てたいと考えました。これが児童観です。

この児童観に基づき、低学年の読み物教材に「かぼちゃのつる」（文部省『小学校道徳の指導資料　第3集』第1学年　一九六六）を活用します。教材の概要は次の通りです。

かぼちゃは、つるをぐんぐん伸ばします。畑を越えて道まで伸ばしています。ミツバチやチョウが注意をしますが、かぼちゃは聞き入れません。かぼちゃのつるは、道を越えてすいか畑に伸びていきます。すいかに注意されてもかぼちゃはつるを伸ばし続けます。子犬に注意されても止まりません。とうとう荷車にひかれてつるを切られてしまいました。かぼちゃは、ぼろぼろとなみだをこぼして泣きました。

授業者の児童観は、わがままをして失敗したときの考え方、感じ方を想起しながら節度ある生活について考えさせることですから、授業の中心は、子どもたちがつるを荷車にひかれたかぼちゃに自我関与して、その考え方、感じ方を自分の体験などから類推する学習が中心となります。そこで、授業者は中心発問を次のように考えました。

**中心発問**

**車にひかれてつるを切られてしまったかぼちゃは、どんな気持ちだったか。**

この中心発問による学習を充実させるために、授業者は二つの問いを考えました。ひとつは、自分がわがまま放題しているときの気持ち、もうひとつは、自分のわがままを注意されたときの考えです。子どもたちに、これらのことを考えさせるための発問を中心発問の前に設定します。具体的には、次のようになります。

○　自分がわがまま放題しているときの気持ち

**発問1**

**つるをぐんぐんのばしているとき、かぼちゃはどんな気持ちだったか。**

○　自分のわがままを注意されたときの考え

発問2　**みつばちやちょうに注意されたとき、かぼちゃはどんなことを考えたか。**

これらの問いで子どもたちに考えさせたいことは、自分がわがまま放題しているときの気持ち、もうひとつは、自分のわがままを注意されたときの考えです。「かぼちゃのつる」というお話の中のかぼちゃの気持ちや考えではありません。お話の中の登場人物の気持ちや考えを知るためには、お話に書かれている叙述に即して言葉を吟味していくことが必要になります。しかし、こうした学習は道徳科で行う学習ではありません。

## (2)　「自分だったらどうか」と問うことについて

道徳科では、ねらいとする道徳的価値に関わることを子どもたちが自分事として考えていく学習を行います。そうであれば、「つるをぐんぐんのばしているとき、かぼちゃはどんな気持ちだったか。」などと問わないで、「自分だったら、わがままをしているときはどんな気持ちか。」と問うた方がよいのではないかという意見があります。それでは、一年生に「あなたはわがままをしているときはどんな気持ちですか。」と問うたとしたら、どのような反応があるでしょうか。一年生は、その発達的特質から、よい子願望があり、周囲から認められたい、褒められたいという思いが強いという傾向があります。おそらく、子どもたちは「ぼくはわがままをしません」「わたしもしません」といった反応が多く出されることでしょう。他者からの評価が気になる、できれば高評価を得たいという傾向は、人間であれば少なからず存在するのではないでしょうか。

「もしもあなただったら」と直接的に問われたことで、子どもたちは「本当はこう思うけどちょっと言えないな」「この場合は、どのように答えればよいのだろうか」という思いで学習が展開したとすれば、子どもがねらいとする道徳的価値に真正面から向き合い、自分事として伸び伸びと考えることができるでしょうか。望ましいと思われることと、決まりきったこととの表明に終始する授業になることが懸念されます。

「つるをぐんぐんのばしているとき、かぼちゃはどんな気持ちだったかな」と問われた一年生の子どもたちは、どのように思考するでしょうか。「つるをぐんぐんのはしているなんて、わがままなかぼちゃだなあ。わがままをしているときって一体どんな気持ちかな」と考えるでしょう。わがままをしているときの思いについて何を拠り所にして考えるのでしょうか。それは、これまでの子ども自身の体験やそれに伴う考え方や感じ方なのです。つまり、子どもたちは自ずと自分事として考えるのです。道徳授業の問いというものは、自分だったらということが大前提なのです。子どもたちは、登場人物に託して考えられることで、自分の考えや思いを誰にはばかることなく主体的に表明できるのです。

道徳科の授業改善を行う際には、このことをしっかりと押さえてほしいものです。「もしも自分だったら」と問うことの功罪を熟考してほしいと願います。

## (3) 道徳科で活用する教材

授業は、「目標」「内容」「教材」で構成されると言われています。

教材とは、指導目標を達成するために、子どもの学習に供する素材です。場合によっては、カリキュラムや単元を構成する内容そのものを指すこともありますが、指導目標を達成するために多方面から選ばれたり新たに創造されたりした素材を意味することが多いようです。道徳科では、子どもが一定の道徳的価値についての理解を基に自己を見つめるといった道徳的価値の自覚を深めるために教材を活用します。現在、多くの学校で活用されている道徳授業の教材も、道徳科の特質に基づいて多方面から選ばれたり、新たに作られたりしたものです。

例えば、これまで作られた文部省資料でも次のようなものがあります。

**【多方面から選ばれた道徳科の教材例】**

○「ブラッドレーのせいきゅう書」

（『小学校　道徳の指導資料　第1集』（第4学年））

『牧師ヒュー・テー・ケル博士の子ども説教』の一部（上村哲弥訳）を子ども向けに書き改めたもの

○「うそをついたひつじかい」

（『小学校　道徳の指導資料　第1集』（第1学年））

『ひろすけ幼年童話文学全集8　イソップ物語』　集英社

○「はしの上のおおかみ」

（『小学校　道徳の指導資料　第1集』（第1学年））

奈街三郎作　子どもの文学研究会編『やさしい心の話』　ポプラ社

○「日本のたから」
（『小学校　道徳の指導資料　第3集』（第5学年））
神戸淳吉作　一部修正　実業之日本社編『子どもに聞かせるえらい人の話』

このように本来は道徳授業の教材として作成されたものではありませんが、道徳授業の特質から効果があると考えられて、文部省の道徳の指導資料に掲載されました。

全ての学校で使用される教科書には、文部省資料、文部科学省資料、また、教育委員会や研究団体が作成した読み物教材が数多く掲載されています。

学習指導要領では、教材の開発や活用に関して、子どもの発達の段階や特性、地域の実情等を考慮して、多様な教材の活用に努めることが示されています。特に、生命の尊厳、自然、伝統文化、先人の伝記、スポーツ、情報化への対応等の現代的な課題などを題材とした教材、子どもが問題意識をもって多面的・多角的に考えられるような教材の開発や活用を求めています。

道徳授業で読み物教材を活用した授業を行うようになったのは、昭和三三年の道徳の時間が設置されて間もなくのことです。当時、文部省からは多くの読み物資料集が出されています。一例を挙げると、昭和三七（一九六二）年に『小学校道徳　読み物利用の指導』という指導資料です。低学年の指導資料の中には、現在でも道徳の授業で活用されることがある「ひつじかいとおおかみ」（正直、誠実）、「ないた赤おに」（友情、信頼）、「ななつぼし」（親切、思いやり）などが掲載されています。この後、文部省から学年別の読み物資料集などが平成一一（一九九九）年まで出されることになります。

読み物教材の形態としては、物語、伝記、脚本、実話、詩、意見文、随想、童話、民話、寓話、記事など多様です。これらの読み物教材は、紙芝居、掛図、映像ソフト、音声ソフト、パネルシアターなどの形にして活用されることも少なくありません。現在、各学校において活用されている読み物教材は、古いものでは五〇年ほど前に道徳授業の教材として文部省から示されたものもありますが、現在でも道徳的価値の自覚を深めるために、道徳科の教材として活用されているのです。

## (4)　登場人物への自我関与を深めるために

道徳授業は、昭和三三（一九五八）年に教育課程に位置付いて以来、子どもが道徳的価値を自分事として考える学習を行うという特質を継承しています。

この考え方を明確に整理したのは青木孝頼氏です。道徳授業における教材活用の仕方は、授業者の指導観によるものです。この考え方に立って教材活用を考察した論が、青木孝頼氏の資料活用類型論です。

資料活用類型論は、同一の資料を授業者がどのような意図をもって活用するのかによって、その活用の仕方を分類したものです。登場人物が行った道徳的行為や習慣を子どもに一つの模範例として受け取らせたり、その行為などに含まれる道徳的価値のよさや意義を感じ取らせたりする意図で資料を活用する範例的活用、登場人物の行為や考え方、感じ方を子どもに批判させたり、弁護させたりして、互いの思いを話し合わせることを通して、ねらいとする道徳的価値についての考え方や感じ方を一層深めようとする意図で資料を活用する批判的活用、資料が相当の感動性をもつ場合、特にそのことを重視して、子どもに心を動かされた理由を追究させることに重点を置いて活用する感動的活用、子どもを資料中の登場人物になりきらせて、ねらいとする道徳的価値に関わる自分の価値観に基づく心情や判断を登場人物に託して語らせる意図で資料を活用する共感的活用に整理しました。

いずれの活用についても、子どもが道徳的価値を自分事として考えることには違いはありませんが、特に共感的活用は、子どもを登場人物に自我関与させて道徳的価値を自分事として考えさせる上では有効な指導法と言えます。共感的活用の共感とは、他人の考えや行動を全くそのとおりだと感じるシンパシー（sympathy）、つまり、同感や共鳴ではありません。この場合の共感とは、他人の言葉や表情をもとに、その感情や態度を追体験するエンパシー（empathy）、つまり感情移入ということです。道徳授業における読み物教材の意義は前述の通りですが、活用に当たっては、子どもたちが道徳的価値を自分事として考えられるような自我関与を深めることが重要なのです。

## 2 問題解決的な学習の工夫

### (1) 道徳科における問題解決的な学習の基本的な考え方

前述の体験的な学習や問題解決的な学習を重視する総則の文言について、「各教科等の指導に当たっては」の各教科等にも道徳は入っていますが、「基礎的・基本的な知識及び技能を活用した問題解決的な学習」という記述は、各教科や総合的な学習の時間を見据えたものと言えるでしょう。しかし、道徳的価値の自覚を深める道徳科の授業を考えたときに、子ども自身が積み上げてきた道徳的価値に関わる学びやそれによって深められた道徳的価値に関わる考え方、感じ方を生かした問題解決的な学習は指導法のひとつの選択肢となり得るでしょう。

道徳科における問題というのは、単なる日常生活の諸事象ではありません。道徳的価値に根差した問題です。問題解決的な学習は、子どもが問題意識をもって学習に臨み、ねらいとする道徳的価値を追究し、多様な考え方、感じ方を基に学べるようにするために行うものです。そこでは、教師と子ども、子ども同士が十分に話合いをするなどの対話的な学びが大切になります。

問題解決的な学習を展開する上で、最も大切なことは、何を問題にするかということです。問題解決的な学習の問題は誰が作るのでしょう。それは授業者としての教師です。授業において、指導内容や子どもの既習事項、よさや課題などを勘案して何を考えさせたいか決めるのは教師なのです。子ども中心と言いながら、教材文を提示した後に、「さあ、みなさん、教材文を読んでどんなことを話し合いたいですか。」と問う先生がいます。「ぼくはここ」「私はここ」と、さまざまな発言がありました。一通り言わせた上で、「いろいろと出てきましたが、今日はここについて話し合っていきましょう。」

と、あらかじめ問題にしたいと思っていたことを提示します。

子どもたちが主体的に学ぶというのはこのようなことではありません。相互指名もそうです。子どもたちが思い思いに発言することで、親切の授業であるはずなのに友情の授業になってしまい、先生が統制できなくなる様子を見ることも少なくありません。子どもの主体的な学びとは、形ではありません。道徳科においては、子どもがいかに自分自身と向き合うか、道徳的価値やそれに関わる事象を自分事として考えるかが大切です。主体的に学ぶ、子どもが道徳的価値に関わることを自分事として考えるための指導の工夫をしてほしいものです。他の教科のように何時間もかけた単元構成であれば、問題設定に時間をかけたり、学習の複線化を図ったりすることはできるかもしれません。しかし、道徳科の授業では、まずもって考えさせることをしっかりと授業者が設定することが重要です。そして、子どもたちが自分の体験やそれに伴う考え方や感じ方を基に自分なりの考えをもち、友達との話合いを通して道徳的価値のよさや難しさを確かめ、自分にとっての答えを導き出すようにする、これが道徳における問題解決的な学習です。問題解決的な学習は、道徳性を養う道徳科の指導方法のひとつです。指導方法が目的化してしまうと、教科の本質が失われてしまいます。先生が「何を考えさせたいのか」これをしっかりともってください。

### (2) 問題解決的な学習の具体的な展開

道徳科における問題解決的な学習の事例を、中学年の「公正、公平、社会正義」の指導を基に示します。活用する教材は、文部省『道徳の指導資料とその利用6』（一九七七）に掲載されている「同じ仲間だから」です。なお、この教材は『私たちの道徳』（第三・四学年）にも取り上げられています。

#### ① 問題の設定（何を問題にするのか）

道徳科の授業を問題解決的な学習で展開する場合、最も重要になることは何を問題にするかということです。前述の通り、問題とは授業者が子どもたちに最も考えさせたいことです。

本事例の内容は、C「公正、公平、社会正義」の第三学年及び第四学年「誰に対しても分け隔てをせず、公正、公平な態度で接すること」です。

授業者は、「公正、公平、社会正義」について、私心にとらわれることなく誰にも分け隔てなく接し、偏ったものの見方や考え方を避けるよう努めることが重要であると捉え、公正、公平にすることのよさを感得できるように指導したいと考えていました。

この考え方で、学校の教育活動全体で行う道徳教育として国語科や学級活動などで公正、公平について指導を重ねた結果、子どもたちは、誰に対しても分け隔てすることなく公正、公平にすることのよさを理解できるようになってきました。一方で、自分の好き嫌いで相手に対して不公平な態度をとる様子も依然として見られました。これらの実態を基に、授業者は、自分の利害を超えて分け隔てすることなく、公平にすることのよさを考えさせたいと思いました。そこで、次のような問題を設定しました。

## だれにでも分けへだてなくできるのは、どのような考えや思いがあるからだろう

問題解決的な学習では、授業者が子どもたちに考えさせたいことが問題になります。問題解決的な学習で最も大切なことは問題なのです。それは、指導内容や子どもの実態から考えさせなければならない必然性があるものだからです。

### ②　問題の追究（どのように問題解決を図るか）

問題を解決するための素材となるものは、子ども自身が積み上げてきた「公正、公平、社会正義」に関わる学びや、それによって深められた考え方、感じ方です。そして、授業の特質である集団思考を促すために、子どもたち一人一人の考え方、感じ方を共通の土俵に乗せるために教材を活用するのです。

本事例で活用する教材は、前述の通り「同じ仲間だから」です。教材の概要は次の通りです。

運動会で、とも子たちの学年は「台風の目」を行います。練習の日の朝、ひろしたちは運動が苦手な光夫のことを話題にしていました。すると、登校してきた光夫の指には包帯が巻かれていました。ひろしは光夫に見学を勧め、とも子にも同意を求めます。とも子は迷いますが、親友のよし子が転校先で不公平にされ悲しい思いをしていることを思い出します。そして、光夫を外して勝とうとすることは間違っていると毅然と主張するのです。その後、みんなで励まし合って運動会を迎えることになります。

公正、公平な態度を支えている考え方、感じ方を問題として、学級全体で追究できるようにします。そこで、自分の利害を超えて公平にすることのよさを考えさせるために、子どもをとも子に自我関与させて、分け隔てをすることは間違っていると主張するときの思いを追究しようと考えたのです。

### ③ 問題解決的な学習の授業展開

「同じ仲間だから」を活用して、誰にでも分け隔てなくするときの考えや思いを追究します。中心的な学習は、子どもたちが「公正、公平」を実現したときの考えや思いを自分事として考えられるようにするために、とも子に自我関与させて、分け隔てをすることは間違っていると主張するときの思いを考えさせます。

この学習を充実させるために次のような工夫を行いました。

○ 授業の導入段階では、子どもが自分との関わりで「公正、公平」について考える構えをつくるために、子ども自身が人に対して分け隔てをせずに接した経験を想起させました。

○ 本時の問題である「だれにでも分けへだてなくできるときの考えや思い」を追究で

きるようにするために、自分の利害に関わる状況での思いを自分との関わりで考えられるような問い、自分の利益と公平な態度との選択で迷い、悩む思いを自分事として考える問いを設定します。

○これらの学習を通して、分け隔てなくしようとする思いの背景にあるものを自分との関わりで考えさせる中心的な学習を行い、本時の問題である「だれにでも分けへだてなくできるときの考えや思い」を追究します。

○「だれにでも分けへだてなくできるときの考えや思い」を自分なりに把握した上で、自己を見つめる学習を行い、自己の生き方についての考えを深めようにします。

## ④ 授業の実際（抜粋）

### 1 問題設定の実際

T みなさんは、いろいろな人たちと生活をしています。家族や友達、町の人たちもいますね。今までに、誰に対しても同じようにしてよかったことはありますか。

C 誰に対しても同じようにしたことですか。

T 自分の好き嫌いによって接し方を変えなかったことですね。

C　地域でキャンプに行ったときに、違う学校の人がいて、よく知らない人だったけれど、同じクラスで仲良しの友達と同じように仲よくしました。

C　広場でサッカーをしていたときに、隣のクラスの人であまり仲よしではなかったけれど、「入れて」と言われたので、仲間に入れてあげました。

T　なるほどね。知らない人だからと言って、分け隔てをしなかったのですね。他の人たちも同じようなことはありますか。

さて、誰に対しても分け隔てをしないのは、どのような考えや思いがあるからなのかな。今日は、このことをみんなで考えていきましょう。

（問題のカードを提示）

| だれにでも分けへだてなくできるのは、どのような考えや思いがあるからだろう |
| --- |

それでは、今日は「同じ仲間だから」という話を基にして、この問題を考えていきます。主人公のとも子さんが、誰に対しても分け隔てをしないことについて、どんなことを考えたり、感じたりしたのかを想像していきましょう。

（教材提示）

## 2　問題解決から個々のまとめ

T　とも子はどんな思いで「同じ仲間じゃないの」と言ったのでしょうか。分け隔てをしてはいけないと言ったときの、心の中を考えましょう。

C　やっぱり、苦手だからと言って仲間外れにすると、友達が悲しい気持ちになってしまうからよくないと思う。

C　友達も悲しい気持ちになるかも知れないけど、自分も嫌な気持ちになります。

C　みんな同じクラスの友達なのだから、特別扱いしてはいけないと考えました。

C　わたしも勝ちたい気持ちがあるけれど、仲間外しはいじめみたいだからいけないと思った。

T　いろいろな考えが出てきましたね。分け隔てをしないのは「友達だから」「同じクラスだから」「自分がすっきりしないから」「いじめになるから」という考えが出ましたね。あとはどのような考えがありますか。それでは、この4つの中で、自分の考えに近いものはどれですか。

**（子どもの思いを挙手により確認）**

Ｔ　今度は、みなさんが今まで誰に対しても同じようにしていたのは、どんな考えがあったからかを振り返ってみましょう。

**（個々の振り返りとまとめ）**

問題解決的な学習の問題は、単なる日常生活の諸事象ではありません。ねらいとする道徳的価値に根差した問題です。そして、問題を子どもたちが自分の体験やそれに伴う考え方、感じ方を基に、自分なりの考えをもって、そして友達と話し合う対話的な学びを通して、ねらいとする道徳的価値のよさや難しさなどを確かめていきます。このときに大事なことは、「授業者の問い」です。何を考えさせるのかを明確にしなければなりません。

対話的な学びとしては、いろいろな学習形態が考えられます。隣の友達と話し合うペアトークや少人数のグループでの話合い、クラス全体で話し合う形態も考えられるでしょう。

道徳科における問題解決的な学習は、「みんなの考えをひとつにまとめて、こうですね。」というように押し付けるのではなくて、子どもたち一人ひとりが問題に対する答えを見つけていくような学習です。例えば、「本当の親切とはどういうことだろう。」という問題をみんなで話し合いながら進めていく中で、「話し合った結果、これが本当の親切だということが分かりましたね。これが本当の親切です。みなさん、これを大切にできますか。」などとして授業を進めたとすれば、それは押し付けになってしまいます。「これまでみんなで『本当の親切について』考えてきたけれども、みんな一人ひとりはどうなんだろう。」というように、子どもたち一人ひとりに返していくことが大事になります。

道徳科における問題解決的な学習の問題には、「あなたにとって」という枕言葉が必須なのです。他の教科の問題は、「あなたにとって」や「わたしにとって」ということは、あまりありません。答えがひとつの方向に定まっていることが多いからです。道徳科は、答えを何かひとつの方向にまとめていくということではなくて、考える方向性は同じですが、そこから「自分はどうだったのだろうか。」と子どもたち一人ひとりに返っていくことが大事です。

道徳科における問題解決的な学習は、「こうすればよい」という形はありません。授業者が指導内容や子どもの実態から何を問題にし、子どもたちがそれを自分の問題として捉え、自分事として考え、自分なりの答えを見つけ出すことが重要なのです。

# 3　道徳的行為に関する体験的な学習

## (1)　体験的な活動の基本的な考え方

道徳的行為に関する体験的な学習は、例えば、実際に挨拶や丁寧な言葉遣いなど具体的な道徳的行為をした上で礼儀のよさや作法の難しさなどを考えたり、相手に思いやりのある言葉を掛けたり、手助けをして親切についての考えを深めたりするなどの活動です。

また、読み物教材の登場人物等の言動を即興的に演じて考える役割演技などを取り入れた学習などもこれに当たります。これらの学習は、単に体験や活動そのものを目的とするのではありません。体験や活動を通じて、道徳的価値を実現することのよさや難しさを考えられるようにすることが重要です。

教材に「わたる君は、大きな声でおはようございますと言いました。わたる君も周りにいた人たちもとてもよい気持ちになりました。」という記述がありました。そこで、授業者は、子どもたちに実際に挨拶をするように促します。

T　みなさんも大きな声で気持ちのよい挨拶をしてみましょう。

C　おはようございます。**（全員が実際に挨拶をしてみる）**

T　元気なあいさつで気持ちがよくなりましたね。では、明日から学校に来たら、このように元気な挨拶をしましょうね。みなさんできますか？　できますね。それでは、しっかりやりましょう。これで道徳を終わりましょう。

このような授業は、単なる行為の指導で、道徳科の特質を生かしているとは言えないでしょう。例えば、次のような学習展開が考えられます。

T　みなさんも大きな声で気持ちのよい挨拶をしてみましょう。

C　おはようございます。**（全員が実際に挨拶をしてみる）**

T　元気な挨拶をしてみてどうでしたか。

C　ぼくは、元気よく挨拶をして、とてもいい気持ちになりました。
C　挨拶をされた私たちもとてもいい気持ちになりました。
T　なるほどね。Ａさんはどうですか。（大きな声が出ていなかったＡを指名）
C　ぼくは大きな声が出ませんでした。
C　私もとっても恥ずかしかったです。
T　そうですか。真心をこめた挨拶、元気な挨拶は、とても大切なことですが、やってみることはそんなに簡単ではありませんね。それでは、みんなでもう少し真心を込めた礼儀について考えていきましょう。

このように、実際に体験や活動をした上で、道徳的価値を実現することのよさや難しさを考えていくような授業を構想することが求められます。道徳科においては体験や活動自体が目的ではありません。体験や活動を通して、道徳的価値を自分事として考え、自己の生き方についての考えを深めるようにすることが大切です。道徳科の授業は、一定の道徳的価値の理解を基に、自己を見つめるなどの道徳的価値の自覚を深めることが特質なのです。

## (2) 道徳科における体験的な表現活動

道徳科で、道徳的価値の自覚を深める学習を行う過程で、子どもはねらいとする道徳的価値に関わる考え方、感じ方を表現し合います。子どもが自分の考え方、感じ方を表現する活動としては、発表したり書いたりする方法が広く行われていますが、子どもに教材中の登場人物の動きやせりふを模擬、模倣させて理解を深める工夫や、子どもに特定の役割を与えて即興的に演じさせる工夫などを試みている授業も多く見受けられます。表現活動の工夫としては、劇化や動作化、役割演技などが考えられます。そこで、これらの活動の基本的な考え方や配慮事項について述べていきます。

### ① 劇化

劇化は、一般に小説や事件などを劇の形に変えることです。道徳科では、登場人物のねらいとする道徳的価値に関わる行為を含んだ読み物教材が広く用いられています。道徳科における劇化は教材の内容を劇の形に変えるもので、子どもが道徳的価値を自分事として考えられるように、教材の内容や考えさせたい場面、状況を把握できるようにしたり、ねらいとする道徳的価値のよさやその実現の難しさなどを理解できるようにしたりするために教材中の考えさせたい場面、状況を再現することを意図して行います。

## ② 動作化

動作化は、教材中の登場人物の動作を模擬、模倣したり、それを反復したりすることです。動作化を行うことで、子どもが登場人物になりきって、その考え方、感じ方などを自分事として考えることをねらっています。

例えば、「二わのことり」（文部省『道徳の指導資料　第2集』第1学年　一九六五）を活用して、子どもがみそさざいややまがらの気持ちを自分事として考える学習を行うに当たって、教材提示の前後に、「今日のお話には鳥が出てきますよ。今日は、鳥の気持ちを考えます。さあ、みなさん、鳥になったつもりで羽ばたいてみましょう。」と投げかけ、羽ばたく動作を反復させます。

劇化や動作化は、授業者が明確な意図をもって活用することが何よりも大切です。それと同時に、子どもに演技や動作をさせる際にも、子どもに演技や動作をする目的を明確に示すことが必要になります。子どもが目的意識を感じなければ、せっかくの活動が単なる茶番になることも懸念されるのです。

## (3) 役割演技の基本的な考え方

役割演技は、これまでも道徳授業で広く用いられていた指導方法です。役割演技を活用する際には、その意義や特質、配慮事項などを理解することが必要になります。

### ① 役割演技の意義と特質

役割演技は、子どもが道徳的価値の理解を基に自己を見つめるなど、道徳的価値の自覚を深めるために、教材の登場人物などに自我関与して即興的に演じることです。このことで、子どもはその人物などが対人的に、あるいは対集団的にどのような関わりがあるのかを自らの経験などを基に認識し、問題解決に向かって考えようとする意欲や態度が養われます。そして、子どもは道徳的価値について自分事として考え、話合いなどの対話的な学びにより多様な考え方、感じ方に出合うことになります。こうした学習が子どものひとつの体験として生かされ、将来出合うであろう様々な場面・状況において、望ましい人間関係の調整・発展、集団への寄与などの道徳的実践となって表れることを期待するということと考えられます。

江橋照雄氏は、役割演技の特質を次のように解説しています。

㋐ 子ども自ら望ましい行為を選択する能力を身に付けることができる。

㋑ 創造的に適応する能力を身に付けることができる。

㋒ 自分と他者、自分と集団の認識を深め、相手の立場に立って行動したり、集団との関わりを自覚して行動しようとしたりする態度を育てることができる。

これらを道徳科の特質に照らして考察してみます。

子ども自ら望ましい行為を選択する能力を身に付けることができることは、道徳的価値を自分との関わりで捉えることにつながります。つまり、役割演技における即興的演技は、教材の文脈通りに行うものではなく、子どもの日常生活での自分自身の経験に裏付けられたものであったり、経験から割り出されたものであったりする場合が多くなります。このような即興的演技やその観察などの体験を積むことで、様々な問題場面に出合ったときに望ましい行為を主体的に選択できるようになるものと考えられます。

創造的に適応する能力を身に付けることができることも、道徳的価値を自分との関わりで捉えることにつながります。それは、即興的演技では、相手への応答が十分に予想できず、次々と移り変わる事態に瞬時に対応するためには、決まりきった反応だけでは対応しきれなくなります。そこで、子どもが自分自身の体験などを基に、新しい事態に適する反応を模索する中で創造的な活動が促されるのです。

自分と他者、自分と集団の認識を深めて、相手の立場に立って行動したり、集団との関わりを自覚して行動しようとしたりする態度を育てることができることは、道徳的価値の理解である他者理解、つまり、道徳的価値に関わる多様な考え方、感じ方を知ることにつながるものです。子どもが即興的演技を行ったり、その演技を観察したり、役割交代を行ったりすることで、自他の考え方、感じ方の違いを認識し、道徳的価値に対する理解を深めることが期待できるのです。

道徳科で役割演技を活用するねらいは、道徳的価値について理解したり、子どもが自分との関わりで道徳的価値を捉え自己理解を深めたりすることです。そのために、子どもに条件設定を行い、役割をもたせて即興的に演技させたり、ねらいとする道徳的価値を自分の経験などを基に考えたりする役割演技が有効なのです。また、演技後の話合いで道徳的価値の理解を深めることも、道徳科の有効な指導方法であると言えます。役割演技を効果的に行うためには、授業者が役割演技の意義や特質をよく理解して、自らの指導観を明確にした上で活用することが重要です。

## ②役割演技を活用するための基本的な条件

役割演技を活用するためには、次のような基本的な条件が求められます。

㋐授業者が役割演技を正しく理解していること

㋑授業者が一人一人の子どもを深く理解していること

㋒授業者と子どもとの間に信頼関係が保たれていること

㋓劇などの表現がしやすい環境が整備されていること

㋔他の教育活動において計画的、発展的に行われるような配慮がされていること

道徳科における役割演技は、目的ではなく、道徳的価値の自覚を深めるための手段です。したがって、思いつきで役割演技を取り入れても効果は期待できません。年間指導計画に位置付けて、効果的に活用することが大切です。

## ③役割演技活用上の基本的事項と授業者の役割

役割演技は、役割と場面を設定しておくだけで、子どもに自由に演じさせるものです

が、実際に活用するためには次のような基本的事項を押さえることが求められます。

㋐　即興性の重視による自分自身の振り返り

一定の条件の下で行う即興的演技では、新しい事態への瞬時の対応が求められます。相手の言動に対する応答などは、自分のこれまでの体験に基づかざるを得ません。即興的演技により自分自身の考え方、感じ方を自覚できるようにすることが求められます。

㋑　役割交代による多様な考え方、感じ方の把握

一人の子どもが異なった立場で役割演技を行うことにより、自分と異なる立場や思い、考え方、感じ方を尊重したり、それらを理解したりするなど、多様な考え方、感じ方に出合うことで多面的・多角的に道徳的価値を考えようとする態度が育成されるのです。

㋒　中断法による道徳的価値の理解の深化

必要に応じて、授業者が演技を中断させて、助言を行うなどして話合いを深めるようにします。演技をしている子どもとそれを見ている観衆の子どもが話し合うことにより、道徳的価値のよさや実現の困難さ、道徳的価値の多様さなど、道徳的価値の理解を深めることが促されます。

㋓ 演技の巧拙にかかわらず、だれでも行える方法

役割演技は、巧みな演技を求めるものではありません。子どもが日常的な生活経験を基に、日ごろ自分が行っているように話したり、振る舞ったりすればよいのです。ただし、演じている子どもの言葉や動作などは、それらを見ている観衆の子どもが理解できるようすることが基本であり、適切な声量など必要最低限の指導は必要になります。このことを子どもに十分理解させなければなりません。

江橋照雄氏は、道徳授業で役割演技を活用する際の授業者の配慮事項として次のようなことを示しています。

㋐ 役割演技や話合いがねらいとする道徳的価値から逸脱しないように配慮する
㋑ 演技や話合いによって、特定の子どもが誤解を受けないように配慮する
㋒ 演技者と観衆の子どもとのパイプ役として助言や励ましなど円滑な進行を行う
㋓ 演技する子どもと観衆の子どもの双方を十分に観察するように配慮する

### ④ 役割演技の具体的な進め方

役割演技の具体的な進め方は、概ね次の通りです。

㋐　ウォーミングアップ

子どもが役割演技を行うための雰囲気作りです。例えば、「二わのことり」の授業で、子どもの鳥の羽ばきやさえずりを行わせたりして緊張をほぐすことです。

㋑　条件設定

役割演技を行わせる場面を示して、その状況、登場人物の役割などの条件設定を行い、子どもに理解させるものです。例えば「はしの上のおおかみ」であれば、おおかみとくまが出会った場面、「ないた赤おに」であれば、赤おにが人間と友達になりたいと青おにに相談をもちかける場面などと、授業者が子どもに考えさせたいことを含む場面を示すようにします。この場合の条件設定は、演技をする子どもだけでなく、演技を見ている観衆の子どもにも十分認識させるようにすることが大切です。そして、観衆の子どもも「もし自分であればどう演じるか」「何と語るか」などを考えるような構えをもたせることが必要です。

㋒　役割や条件に即した即興的演技

授業者は、役割演技を行う子どもが、それぞれの役割や場面の状況などを十分に把握した上で即興的な演技を行うように配慮することが大切です。

㋓　演技の中断と話合い

ねらいとする道徳的価値に関わる問題に応じて演技を中断して、授業者の助言を基に、演技者と観衆の子どもとの話合いを深めるようにします。この話合いによって、子どもはねらいとする道徳的価値に関わる多様な考え方、感じ方に触れることになります。このことが、道徳的価値の理解、とりわけ他者理解を深めることにつながるのです。

㋔　役割交代

役割演技を行った子どもが、お互いの役割を交代して演技を行うものです。自分と異なった立場や感じ方、考え方などに対する認識を深めるようにします。

㋕　演技の終了と話合い

演技を行った子どもとそれを見ていた観衆の子どものねらいとする道徳価値に関わる考え方、感じ方を中心に話し合って、道徳的価値の理解を深めるようにします。

このような役割演技の学習過程を理解した上で、授業者の意図により適切に役割演技を活用するようにします。

## (4) 役割演技を活用した授業の実際

役割演技には、場面を設定し役割を与えて演じさせる手法、独演によって自分の考え方や感じ方を語らせる手法、葛藤場面が生じる二つの自我を推定して演じさせる手法など様々な手法があると言われています。ここでは、紙幅の関係から場面を設定し役割を与えて演じさせる手法について「絵葉書と切手」（文部省『小学校　道徳の指導資料とその利用3』一九八〇）を基に示します。

### 〈第4学年　2-(3)「絵葉書と切手」の事例〉

T　（条件設定）まさ子さんからの葉書が料金不足で、ひろ子さんはどうしたよいか迷っていました。これから、ひろ子さんの気持ちを考えるために、劇をします。お母さんとお兄さんの言い分も違いましたね。まさ子さんに知らせるべきかどうか、（三人の絵カードを見せながら）ひろ子さん、お母さん、お兄さんになって、話合いをしてもらいます。（3人の子どもを指名する）このカードをかけたら、Aさんは、ひろ子さんです。（Aさんにカードをかける）みなさん、この人はだれですか。

C　Aさん。

C　違います。ひろ子さんです。
T　そうです。もう、Aさんではなくひろ子さんですね。三人の立場を確かめます。お母さんは「知らせない」、お兄さんは「知らせる」、ひろ子さんは「迷う」です。
**〔観衆の子どもへの指示〕**見ている人たちは自分がひろ子さんだったらどうするかを考えながら見ていてください。それでは始めましょう。

**〔即興的な演技〕**
（ひろ子）郵便料金の不足のこと、まさ子さんに知らせた方がいいかな。
（兄）それはそうだよ。間違っていることはきちんと教えないといけないよ。
（母）でも、せっかく絵葉書をもらったのだから、お礼だけ言えばいいじゃない。
（兄）だめだよ。不足の料金はうちで払ったんだよ。ちゃんと言わなくちゃ。
（母）わずかな金額だからいいじゃない。お友達に嫌な気持ちをさせたら悪いわ。
（ひろ子）そうよね。まさ子さんが、「せっかく送ったのに。」って怒ったら困るわ。
（兄）本当の友達なら、きちんと教えるべきだよ。きっと分かってくれるよ。（中略）

T　**（演技の中断と話合い）** はい、ここまでにしましょう。それでは、ひろ子さんはAさんに、お母さんはBさんに、お兄さんはCさんに戻ってもらいます。（カードを外す）さて、Aさんは、ひろ子さんを演じて、どんなことを思いましたか。

C　お母さんの言い分も、お兄さんの言い分も分かって、本当に困ってしまいました。

T　お母さん役をやったBさんはどうですか。

C　本当は教えた方がいいと思うけど、友達の気持ちを大切にしたい気持ちがありました。

T　お兄さん役のCさんはどうですか。

C　お母さんの気持ちはよく分かりましたが、友達だからこそ、きちんと教えないといけないと思いました。でも、自分だったらできるかどうか分かりません。（以下略）

この他にも、役割演技の手法は多様に考えられますが、授業者は役割演技を通して子どもに何を考えさせたいのか、その目的を明確にすることが大切です。

役割演技は、単に教材の文脈に沿った単なる劇ではないし、授業者が恣意的に期待する発言を引き出すために行うものでもありません。また、円滑に演じたり、巧みに演じたりすることを是とする傾向も見られますが、無言の演技も重要な場合もあり、演技の巧拙は問わないことが原則です。活発さを求めてオーバーアクションをさせることで、子どもが演技を茶化したり、派手な演技を求めたりすることも見受けられます。さらには、考え方、感じ方の対立に終始することなど活発さを追究しがちですが、大切なことは子どもが自らの体験を背景に演技できるようにすることです。

授業者が平板な授業の打開策として安易に役割演技を行うなど、役割演技のねらいを明確にもっていない場合には、授業のねらいから外れてしまうこともあります。これまで示してきた役割演技の意義や特質を再確認するとともに、道徳科だけでなく、日常の教育活動の中で、子どもが様々に演じる場面を設定するようにすることが肝要です。

〈参考文献〉


青木孝頼『道徳でこころを育てる先生』　図書文化　一九八八

江橋照雄『役割演技』　明治図書出版　一九七一

江橋照雄『授業が生きる役割演技』　明治図書出版　一九九二

# 第7章

# 道徳科の評価の在り方

## 1 道徳教育の評価の考え方

道徳教育の評価については、これまで学習指導要領の第3章道徳に次のような記述がありました。

**児童の道徳性については、常にその実態を把握して指導に生かすよう努める必要がある。ただし、道徳の時間に関して数値などによる評価は行わないものとする。**

子どもの道徳性について、その実態を常に把握して指導に役立てることの「常に」ということは、「いつも」ということです。いつも行う道徳教育とは、学校の教育活動全体を通じて行う道徳教育です。したがって、前段部分は学校の教育活動全体を通じて行う道徳教育の評価を説明したものです。そして、道徳の時間に関しては数値などによる評価を行わないとしています。ここで留意すべきことは、道徳の時間の評価をしないということではなく、数値などによる評価はしないということです。

今次の改訂においては、評価に関わる記述は第3章特別の教科道徳に示しています。

これまでと異なることは、今次の改訂では、学校の教育活動全体を通じて行う道徳教育に関わることと、道徳科に関わることを別記したことです。つまり、学校の教育活動全体を通じて行う道徳教育は第1章総則に、道徳科の授業に関わることは第3章特別の教科道徳に示しているのです。

評価に関しては、第3章特別の教科道徳に示しています。したがって、今回、次のように示された評価の規定は、道徳科の授業における評価なのです。

**児童の学習状況や道徳性に係る成長の様子を継続的に把握し、指導に生かすよう努める必要がある。ただし、数値などによる評価は行わないものとする。**

したがって、ここで言う「学習状況」とは、道徳科の授業における学習状況であり、「道徳性に係る成長の様子」とは、道徳科の授業を積み重ねたことによる成長の様子ということです。

留意しなければならないことは、人格の基盤である「道徳性を評価するのではない」

ということです。

道徳科では、目標において「道徳的な判断力、心情、実践意欲と態度を育てること、つまり、道徳性を養うことになっているのに、道徳性を評価しなくてもよいのか」という意見も聞かれます。しかし、道徳性とは、人間としての本来的な在り方やよりよい生き方を目指して行われる道徳的行為を可能にする人格的特性であり、人格の基盤をなすものです。このような人間としてよりよく生きようとする人格的特性は、安易に評価すべきものではありません。しかし、学校教育として指導を行った以上、それに対する評価を行うことは不可欠です。

そこで、答申において、道徳科における学習状況や道徳科の学習を積み重ねたことによる成長の様子を把握することが示されたのです。そのためには、明確な目標に基づく授業を着実に実施する必要があり、子どもが主体的に学ぶ一時間一時間の授業を大切にすることを重視しているのです。

## 2 道徳科で評価すること

道徳科で評価することとは、前述の通り道徳科の「学習状況」や道徳科の学習を積み重ねたことによる「道徳性に係る成長の様子」です。これらがどのようなものなのかを考えていきます。

### (1) 学習状況とは

「学習」とは、一般的に新たな知識を獲得したり、思考を深めたり、習慣を形成したりすることと考えられています。「状況」とは、そのときの様子、有り様です。

道徳科における学習は、目標に示されている通り、道徳的価値の理解、自己を見つめる、物事を多面的・多角的に考える、自己の生き方についての考えを深めるということです。したがって、道徳科における学習状況の把握とは、子どもたちのこれらの学習の有り様を把握することが求められるということです。しかし、授業を行うに当たっては、道徳科の目標に示されている学習を授業者の指導観に基づいて教材を介して具体的な形にすることが必要になります。

このことを、低学年「はしの上のおおかみ」を活用する「親切、思いやり」の指導を基に例示します。

表３　道徳科の具体的な学習例

| 道徳科で行う学習 | 具体的な学習例 |
|---|---|
| 道徳的価値の理解を理解する | ○動物たちを追い返すおおかみに自我関与して、意地悪をしているときの気持ちを考える（人間理解）<br>○くまの後ろ姿を見送るおおかみに自我関与して、親切のよさについて考える（価値理解） |
| 自己を見つめる | ○意地悪をしてしまった経験やそれに伴う考え方、感じ方を振り返る<br>○親切にされた経験やそれに伴う考え方、感じ方を振り返る |
| 物事を多面的・多角的に考える | ○優しくできるとき、優しくできないときの考え方、感じ方を想起する<br>○親切にするときの思い、親切にされたときの思いを考える |
| 自己の生き方についての考えを深める | ○親切にできた自分自身を振り返り、そのときの考えや気持ちを確かめる<br>○迷ったが親切にしてよかったことを想起し、そのときの考え方、感じ方を確かめる |

道徳科の目標に示されている学習は、道徳科の授業において、道徳的判断力や道徳的心情、あるいは道徳的実践意欲や道徳的態度を育てる上で欠くことのできない学習です。言い換えれば、道徳科の授業の骨組みとも言えるものです。

授業構想に当たっては、これまでも述べているように、授業者が内容項目について特に重視していること（価値観）を確認して、その視点で教育活動全体を通じて指導した結果として子どものよさや課題を基に、考えさせるべきこと（児童・生徒観）を明確にして、教材をどのように活用するか（教材観）を決定します。そして、道徳科の目標に示された行うべき学習を表3の

**図 10　道徳科における学習状況の把握とは**

学習状況や道徳性に係る成長の様子を継続的に把握

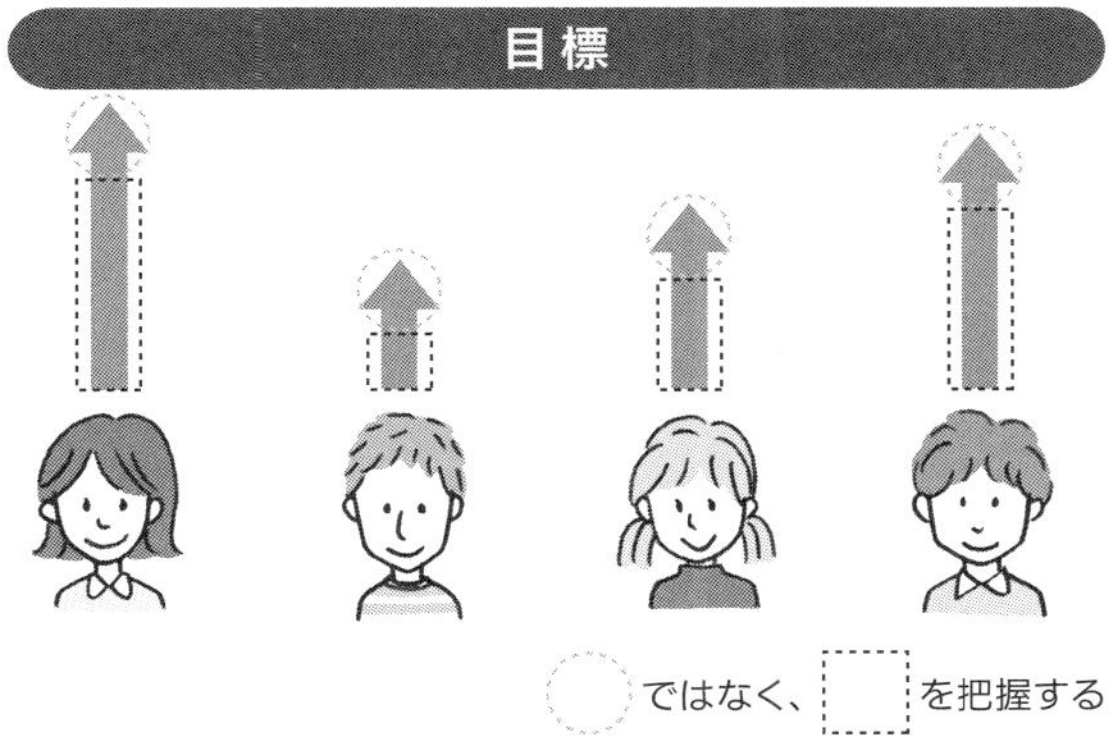

ように具体化し、授業を構想します。このように例示した学習を子どもたちが主体的に行うのです。この子どもたちの学習の有り様が学習状況です。

学習状況は、目標の実現状況や達成状況ではありません。子どもたちが目標に向けてどのように学習を行ったのかが学習状況です。わたしたちは、子どもたちに何らかの指導をすると、その結果としての子どもの姿、つまり、実現状況や達成状況、定着状況を見取ろうとします。これは、大切なことです。しかし、道徳科で把握するのはこうした状況ではなく目標に向かって行う学習状況なのです（図10）。

## (2) 道徳性に係る成長の様子とは

もう一つの視点が、「道徳性に係る成長の様子」です。これについても、評価の考え方として、第3章　特別の教科道徳に記されていることから、道徳授業を積み重ねたことによる成長の様子のことです。道徳性とは、人間としての本来的な在り方やよりよい生き方を目指して行われる道徳的行為を可能にする人格的特性であり、人格の基盤をなすものです。そして、「道徳性に係る」とは、道徳性に関係するという意味合いであり、道徳性を養うことに関係すると捉えるとよいでしょう。

道徳性を養うことに関係する事項とは、目標に示されている道徳的価値の理解、自己を見つめる、物事を多面的・多角的に考える、自己の生き方についての考えを深めるということです。道徳科の学習を積み上げることで、これらの学びがいかに成長したのかを把握することが大切になります。

道徳科で行う学習は、それぞれを個別に行うものではありませんし、截然と分けることはできませんが、いくつか例示することにします。

**■きまりを守ることは当たり前のことだと規則遵守を観念的に捉えていた子どもが、授業での学びの積み重ねを通して自分の経験やそれに伴う考え方、感じ方を基にして実感を伴って理解できるようになった。**

これは道徳的価値の理解すること、自己を見つめることについての成長が見られたと言えます。また、

**■困っている人に対しては手を差し伸べるべきだと考えていた子どもが、授業における対話的な学びの積み重ねによって親切にすることは手を差し伸べることだけではなく、時には見守ることも大切だと考えるようになった。**

これは、道徳的価値を多面的に考えることができるようになったと捉えることができ

るでしょう。これらは、まさに道徳性に係る成長の様子と言えます。

これらの道徳性の係る成長の様子は、単に授業を積み上げることだけで見られるようになるものではありません。教師が内容項目や子どもたちの実態を基に子どもたちに考えさせるべきこと、学ばせるべきことを明確にもつこと、言い換えれば確かな指導観をもって授業を積み重ねることで、子どもたちの成長の様子がみられるようになるのです。

## 3　道徳科の評価における配慮事項

道徳科の評価とは、子どもたちの学習状況や道徳性に係る成長の様子を把握して指導に生かすことです。指導に生かすとは、道徳的判断力、道徳的心情、道徳的実践意欲及び態度を育てることです。

このような道徳科の評価に当たっては、次のような配慮をすることが求められています。

## (1) 数値による評価ではなく、記述式である

学習指導要領の記述の通り、道徳科においては数値などによる評価は行いません。「数値など」というのは、「A、B、C」「◎、○、△」などの評定も含めています。しかし、学校の教育指導における評価には、数値などによる評価はあります。各教科の評価です。各教科の評価は、目標に準拠した評価を行うことが一般的です。目標に準拠した評価とは、子どもたちに習得または定着させたい事項から導いた目標や基準を評価基準として、その到達状況や実現状況を評価する方法です。

道徳科の授業で把握するものは、学習状況と道徳性に係る成長の様子です。これらは、一人一人の子どもによって異なっているもので、一定の基準を達成、あるいは実現したか否かを判断するものではありません。したがって、数値などによって一律に括るような評価はふさわしくないのです。そのため、子どもたちの学びを的確に把握して、その有り様を示すことが重要になるのです。これが、記述によることの意味なのです。

## (2) 他の子どもとの比較による相対評価ではなく、子どもがいかに成長したかを積極的に受け止め、励ます個人内評価として行う

相対評価とは、集団における子どもの位置を他との関わりから明らかにする評価です。目標に準拠した評価では、多くの子どもが一〇〇パーセント近くの実現状況であれば、多くの子どもがよい評定を得ることができます。また、多くの子どもが五〇パーセント程度の実現状況であれば、多くの子どもが努力を要するといった評定になります。相対評価では、多くの子どもが五〇パーセントの実現状況であっても、その中で最も高い実現状況の子どもが高評定になるのです。

さて、ここでいう個人内評価とは、一人一人の子どもの学習状況や学習成果を、その子どものこれまでの学習を鳥瞰して、優れているところや成長が見られるところなどを捉える評価です。個人内評価には、一人一人子どもの目標に向けた個々の学習状況を横並びにして、その中で突出したところをよさと認める横断的な評価と、学習状況を時系列に縦に並べて、進歩の状況や成長の様子を認める縦断的な評価があると言われています。道徳科においては、授業者の指導観に基づいて設定した学習をどのように行っているか、その中のよさを、また学びを積み上げたことによってよくなったこと、伸びたことを他との比較ではなく認めるような評価を行うことが求められるのです。

## (3) 個々の内容項目ごとではなく、大くくりなまとまりを踏まえた評価を行う

道徳科の内容項目数は、低学年が一九、中学年が二〇、高学年が二二です。これら全ての内容について詳細に学習状況を分析するのではなく、様々な内容項目の学習を概観して、子どものよさや成長の様子を把握することが求められるということです。このことについて、子どもの学習状況や成長の様子に関わる記述に、内容項目や道徳的価値に関わる文言を記すべきではないという意見がありますが、こうしたことは何ら根拠はありません。個人内評価としての子どものよさや可能性を記述する際に、必要に応じて内容項目を端的に表した文言を用いることは、むしろ分かりやすい表現になることも考えられます。

## (4) 発達障害等の子どもについての配慮すべき観点等を学校や教員間で共有する

発達障害等のある子どもの学習状況や道徳性に係る成長の様子を把握する際には、障害により話したり、書いたりすることに困難さを感じることも考えられることから、一律に発言や記述などの有無を評価することがないように留意しなければなりません。

授業後に、個別に学習に対する思いを聞き取るなどの工夫をして、子どもの学習に対

するよさや成長の様子を把握することが求められます。一人一人の障害による学習上の困難さの状況をしっかりと踏まえた上で評価することが大切です。

## 4 道徳科における評価の実際

### (1) 本時において考えさせることを明確にする

子どもの学習状況を把握するためには、子どもたちにどのような学習をさせたいのか明確な指導観をもたなければなりません。

「親切、思いやり」の価値理解を図るために、親切のよさや温かさを考えさせよう。

### (2) 明確な指導観に基づいて、本時の授業をどのように展開するのか指導の意図を明らかにする

オオカミに自我関与して、クマに親切にされたときの思いを基に親切のよさを考えさせよう！

これが、授業者が子どもたちに考えさせたいことであり、学ばせたいことです。また、これは本時において子どもたちに期待する学びの姿であり、学習状況を把握するための視点になります。授業者は、この学習が充実するように様々な工夫を凝らして授業を構想することになります。

### (3) 授業を実施して子どもの学習状況を把握する

Aさんは、オオカミに自我関与して、親切のよさを考えて発言していたな。

授業を行いながら、子どもの学習状況を把握していきます。一般的には特徴的な発言やつぶやきなどをしている子どもの学習状況は把握しやすいですが、そうでない子どもの学習状況を把握することは容易ではありません。三〇人の学級であれば一単位時間で全ての子どもたちの学習状況を把握することはできないでしょう。したがって、意図的、計画的な把握が重要になります。

さて、「Aさんは、オオカミに自我関与して、親切のよさを考えて発言していた」という学習状況が把握できれば、次のような記述による評価が考えられます。

「はしの上のおおかみ」の学習では、親切のよさや温かさを自分事として考えていました。

しかし、授業者は、「Bさんは親切のよさや温かさを自分事として考えることができていなかった」と把握します。この場合、記述よる評価をどうしたらよいでしょうか。「親切のよさや温かさを十分に考えることはできませんでした」と記述するでしょうか。このようなことは考えられません。道徳科の評価は、子どもがいかに成長したかを積極的に受け止め、励ますものでなければならないからです。

それでは、授業者が「Bさんは親切のよさや温かさを自分事として考えることができていなかった」と把握したら次に何を考えるでしょうか。

### (4) 授業改善の視点を明らかにし、具体的な改善を図る

**次の時間では自分事として考えられるように発問や言葉掛けを工夫しよう！**

授業者は、Ｂさんが自分事して考えられなかったのはどのような要因なのかと考えるでしょう。授業者自身の発問は分かりやすかったのか、自分事して考える構えができていたのかなど、授業構想について反省をするでしょう。そして、次の授業では特に学習状況を把握しきれなかった子どもたちに視点を当てた指導の工夫を講じるのではないでしょうか。これが授業改善です。学習状況の的確な把握は、授業改善の充実につながるものです。

### (5) 授業改善を図ってよりよい授業を実施し、学習状況を把握する

**Ｂさんは、道徳的価値を今日は登場人物と自分自身を重ねて考えることができた。**

授業者の授業改善が功を奏して、Ｂさんは道徳的価値を登場人物と自分自身を重ねて考えることができました。このことを把握した授業者は、次のように評価を記述します。

「きいろいベンチ」の学習では、自分の行いが周囲に及ぼす影響を自分事として考えていました。

そして、Ｂさんの前時との学習を比べてみると、次のような成長の様子を把握することができました。

道徳的価値を自分との関わりで多面的に考えることができるようになりました。

道徳性の係る成長の様子は、子どもたちが道徳科の学習を積み重ねたことによるもので、一時間の学習が次時にどうなったかを把握することだけを指しているものではありません。一定期間の学習状況の把握を基に、成長の様子を把握することが大切です。

子どもたちの学習状況や道徳性に係る成長の様子は、授業中の発言やつぶやき、話合いの様子、ワークシートの記述など、様々な方法で把握し、今後の指導に生かすことが大切です。

　道徳科において子どもの学習状況や道徳性に係る成長の様子を的確に把握するためには、授業者が子どもたちに考えさせたいこと、学ばせたいことを明確にして指導することが何よりも大切です。つまり、学習指導過程における指導と評価を一体的に捉えることが重要ということです。確かな指導観を基に、明確な意図をもって指導や指導方法の計画を立て、学習指導過程で期待する子どもの学習を具体的にイメージすることが道徳科の評価にとって何よりも大切なことなのです。こうした基本的な考え方を基に、子どもたちが自信をもってよりよく生きることができるように、子どもたちの学びのよさや成長の様子を積極的に把握して伝えてほしいものです。

## 特別の教科　道徳の充実を期待して

今回、道徳の時間が特別の教科道徳、「道徳科」と改められ、教科書を使用して学習することになりました。子どもたちの道徳科における学習状況や道徳性に係る成長の様子を指導要録に記すことにもなりました。道徳の特別の教科化に込められた多くの人々の思いとは、一体何だったのでしょうか。それは、いじめへの対応も含めて、子どもたちが豊かな心をもちよりよく生きていくことができるようにするために、道徳授業を確実に行ってほしいということです。

先生方を含めて道徳教育に携わる者は、このことを肝に銘じることが求められます。道徳授業の質的向上が重要であることは言うまでもありませんが、これまでの道徳授業の実施状況を考えれば、まずは週一時間の授業を、全国どこの学校でも確実に行うことが大切なのです。道徳性は、一朝一夕に養えるものではありません。道徳性は、徐々に、着実に養われることで、潜在的、持続的な作用を行為や人格に及ぼすものなのです。一人一人の子どもが、道徳的諸価値の理解を基に自己を見つめるといった道徳的価値の自覚を深める学習を地道に行うことが何よりも大切です。道徳の特別の教科化の一丁目一番地は、週一時間の授業を着実に行うことがねらいなのです。

懸念されることは、道徳科の特質を押さえずに奇をてらった授業が散見されることです。そして、道徳性を養う授業を展開するための指導方法が目的化していまい、本質が失われている授業が少なくないことです。

授業をされる先生方が、まずもって学習指導要領や特別の教科道徳の解説を熟読することが必要です。そこに示されていることが道徳科の特質なのです。

日本中、全ての小、中学校の子どもたちに教科書が配られ、道徳科の授業が行われます。道徳教育、とりわけ道徳授業が充実に向かおうとしている機運を生かして、ともに子どもたちの豊かな心を育んでまいりましょう。

赤堀　博行

## 赤堀　博行 Akabori Hiroyuki

**帝京大学大学院教職研究科教授**


1960 年東京都生まれ。

都内公立小学校教諭、調布市教育委員会指導主事、東京都教育庁指導部義務教育心身障害教育指導課指導主事、同統括指導主事、東京都知事本局企画調整部企画調整課調整主査（治安対策担当）、東京都教育庁指導部指導企画課統括指導主事、東京都教育庁指導部主任指導主事（教育課程・教育経営担当）、文部科学省初等中等教育局教育課程課教科調査官・国立教育政策研究所教育課程研究センター研究開発部教育課程調査官を経て、現職。

教諭時代は、道徳の時間の授業実践、生徒指導に、指導主事時代は、道徳授業の地区公開講座の充実、教育課程関係資料の作成などに尽力する。この間、平成 4 年度文部省道徳教育推進状況調査研究協力者、平成 6 年度文部省小学校道徳教育推進指導資料作成協力者「うばわれた自由（ビデオ資料）」、平成 14 年度文部科学省道徳教育推進指導資料作成協力者「心のノートを生かした道徳教育の展開」、平成 15 年度文部科学省生徒指導推進指導資料作成協力者「非行防止教育実践事例集」、平成 20 年度版『小学校学習指導要領解説　道徳編』の作成にかかわる。

主な著作物に『道徳教育で大切なこと』、『道徳授業で大切なこと』、『これからの道徳教育と「道徳科」の展望』（東洋館出版社）、『心を育てる要の道徳授業』（文溪堂）、『道徳授業の発問構成　全 3 巻』（教育出版）などがある。

「特別の教科　道徳」で大切なこと

2017（平成29）年 11 月 20 日　初版第 1 刷発行
2019（平成31）年 2 月 9 日　初版第 4 刷発行

著　者：赤堀　博行
発行者：錦織　圭之介
発行所：株式会社　東洋館出版社
〒113-0021　東京都文京区本駒込 5 丁目 16 番 7 号
営業部　電話 03-3823-9206　FAX 03-3823-9208
編集部　電話 03-3823-9207　FAX 03-3823-9209
振替　00180-7-96823
URL　http://www.toyokan.co.jp

[装丁・イラスト] 小林　亜希子
[本文デザイン] 竹内　宏和（藤原印刷株式会社）
印刷・製本：藤原印刷株式会社
ISBN 978-4-491-03427-0　Printed in Japan